KB017251

관觀인人지之법法
사람을 보고, 쓰고, 키우는 법

사람을 알면 세상을 얻고, 알지 못하면 세상을 잃는다

관觀인ㅅ지之법法
사람을 보고, 쓰고, 키우는법

| 임채성 지음 |

관인지법(觀人之法),
사람을 보고, 쓰고, 키우는 법

숨 막히는 결전 끝에 절대 강자 항우(項羽)를 제압한 한 고조 유방(劉邦), 강력한 개혁과 부국강병책으로 중국 최초의 통일 제국을 이룬 진시황(秦始皇), 밑바닥부터 역경을 딛고 올라선 끝에 난세의 흐름을 바꾼 유비(劉備) 등 난세의 영웅들이 천하를 통일하는 데 있어 가장 중요하게 생각한 것은 과연 무엇일까. 정치나 군대라고 생각하기 쉽지만, 그들이 그보다 더 중요하게 생각한 것이 있다. '난세의 간웅' 조조(曹操)가 내로라하는 이들을 제치고 한때 중원의 패자로 우뚝 설 수 있었던 비결 역시 거기에 있었다.

정답은 사람 즉, '인재'다. 난세의 영웅들은 인재를 얻어야만 천하를 얻을 수 있다고 생각했다. 아무리 본인의 능력이 뛰어나도 혼자서는 모든 것을 이룰 수 없기 때문이다. 이에 자신의 부족한 점을 채워주고, 실수를 바로잡아주는 능력 있는 사람이 필요했다. 문제는 수많은 사람 중 누가 인재냐는 것이었다.

누가 인재인지를 알고, 어디에 쓰느냐는 리더의 능력에 달려있다. 만일 유방이나 진시황에게 그런 능력이 없었다면 천하는 다른 사람 차지가 되었을 것이다. 유비 역시 제갈량이라는 최고의 책사를 알아보지 못했다면 짚신 삼던 상인으로 평생 남았을 것이다. 그런 점에서 인재를 보는 안목이 없고, 인재를 제대로 활용할 줄 모르는 사람은 리더로서 능력을 갖췄다고 할 수 없다. 잠시 일어섰다가 곧 명멸해간 역사 속 수많은 군주가 그 대표적인 예다.

한 고조 유방은 항우와 비교해서 모든 면에서 절대 열세였다. 출신에서부터 외모, 능력, 군사력은 물론 전투 능력에서도 역발산기개세(力拔山氣蓋世)의 용장인 항우와는 비교 자체가 불가능했다. 하지만 천하를 차지한 것은 항우가 아닌 그였다. 그가 반전의 리더로 등장할 수 있었던 데는 소하(蕭何), 한신(韓信), 장량(張良) 같은 인재들을 알아보고 중용했기 때문이다. 인재를 알아보는 능력과 용인술에 있어서만큼은 그가 항우를 능가했던 셈이다.

사실 진(秦)나라의 출발은 보잘것없었다. 전국 7웅을 자처하던 제나라, 위나라가 기세를 떨칠 때도 변방의 작은 소국에 머물렀다. 서쪽 변두리에 자리한 탓에 중원의 제후들로부터 오랑캐 취급을 받기도 했다. 그런 진나라가 중국 최초로 통일 제국을 이룰 수 있었던 비결은 '객경(客卿)'이라는 파격적인 인재정책에 있었다.

객경은 다른 나라에서 온 고급관리로 정식 벼슬이라기보다 자문관에 가까웠다. 진나라에는 객경이 넘쳐났다. 대부분 나라가 자국의 인재만 기용할 때 국경을 활짝 열고 외국의 인재를 적극적으로 받아들이는 파격적인 정책을 시행한 셈이다.

객경을 대표하는 인물에는 초나라 출신 이사(李斯)와 위나라 출신 상앙(商鞅, 흔히 '공손앙'으로 불린다)이 있다. 이사는 재상으로 있으면서 진나라의 모든 개혁을 주도했다. 화폐단위와 도량형을 통일하고 흉노의 침입을 막기 위해 만리장성을 쌓은 것도 그였다. 상앙은 효공(孝公)의 신임을 받아 법령과 제도를 개혁했다. 그는 강력한 중앙집권 체제와 법치주의 국가의 기틀을 마련해 진나라를 강대국 반열에 올려놓은 것은 물론 천하 통일의 초석을 닦았다.

객경의 토대를 마련한 사람은 진 목공(穆公)이었다. 목공은 진나라가 궁벽한 곳에 자리한 탓에 중원의 선진문화와 제도를 받아들이지 못하는 현실을 매우 안타까워했다. 그 해법으로 시행한 것이 '인재를 뽑을 때 네 가지를 묻지 않겠다'라는 '사불문(四不問)'이었다. 네 가지란 민족·국적·신분·나이를 말하는데, 능력만 있다면 그것을 따지지 않고 누구든 기용하겠다는 것이었다.

사불문 시행은 성공적이었다. 변방의 오랑캐로 불리던 진나라가 중원의 패자로 거듭났을 뿐만 아니라 일약 선진국 반열에 올라섰기 때문이다. 또한, 진나라 인재정책의 근간이 되어 400년 후 천하 통일을 이루는 핵심 역량으로 작용했다.

짚신을 만들어 팔던 장사치에 불과했던 유비가 다른 영웅들과 좌웅을 겨룰 수 있었던 이유는 뛰어난 안목 덕분이었다. 그는 한 황실의 종친이었지만, 집이 가난해서 하루하루 연명했다. 한눈팔 틈조차 없었다. 하지만 기회가 찾아오자 비로소 능력을 발휘하기 시작했다. 그는 인재를 얻기 위해서라면 자신을 낮추는 것을 주저하지 않았다.

유비의 이름 '비(備)'에는 두 가지 뜻이 담겨 있다. '근신하며 준비한다'라는 것과 '모두 갖추었다'라는 것이 바로 그것이다. 알다시피, 그는 실패를 통해 성장했다. 수많은 실패를 통해 자신의 한계를 배웠고, 자신을 낮추는 법을 스스로 터득했다. 그것을 일컬어 어떤 이들은 그를 무능하고 유약한 군주의 표본으로 여기기도 하지만, 그가 아니었다면 천하는 조조 차지가 되었을 것이다.

유비는 오랜 세월 수많은 사람과 부대끼고 실패를 거듭하며 인재의 장단점을 꿰뚫는 날카로운 통찰력을 갖고 있었다. 이는 단순히 인재를 아끼는 것과는 다르다. 인재를 아끼는 것은 누구나 할 수 있지만, 그 능력을 파악하고 적재적소에 쓰는 것은 아무나 할 수 없기 때문이다. 그런 점에서 볼 때 유비야말로 '임금은 인재를 알아봄으로써 밝아진다'라는 '군이지인위명(君以知人爲明)'을 확실히 알았던 군주라고 할 수 있다. 이것이 그가 중국 역사상 최고의 참모로 꼽히는 제갈량(諸葛亮)을 비롯해 관우(關羽), 장비(張飛), 조자룡(趙子龍) 등의 뛰어난 장수를 얻을 수 있었던 비결이다.

수천 년 전이나, 지금이나 변하지 않는 인사의 철칙이 있다.

　관중(管仲)은 '어떻게 하면 천하의 패주가 될 수 있겠냐?'라는 제나라 환공(桓公)의 물음에 '4단계 리더십'을 강조했다. '지인(知人)―용인(用人)―중용(重用)―위임(委任)'이 바로 그것으로, 사람을 알고, 사람을 쓰되, 소중하게 써야 하며, 썼으면 의심하지 말라는 것이다.

　인사를 어떻게 하느냐에 따라서 만사(萬事)가 되기도 하고, 망사(亡事)가 되기도 한다는 것이다. 그 때문에 리더에게 있어 인재를 알아보는 안목과 용인술만큼 중요한 능력은 없다. 문제는 어떻게 인재를 알아보느냐는 것이다.

　조조의 인사참모였던 유소(劉邵)는 《인물지(人物志)》에서 사람을 알아보는 법을 자세히 말하고 있다. 《인물지(人物志)》는 중국 역대 황제 중 최고의 통치술을 인정받은 당 태종을 비롯해 명 태조 주원장, 중국 역사상 가장 위대한 황제로 꼽히는 청나라 4대 황제 강희제(康熙帝) 등이 '인사 교과서'로 꼽은 책이다.

　유소는 사람을 알려면 "사람의 자질을 살필 때는 가장 먼저 평담(平談, 고요하고 깨끗함)한 지를 보고, 그 후 총명한지를 살펴야 한다"라고 했다. '평담'이란 '인격의 균형과 조화'를 말한다. 즉, 사람이 인격적으로 얼마나 조화와 균형을 갖고 있느냐가 사람을 살피는 가장 중요한 기준이라는 것이다. 그 외에도 사람을 보는 법에 관해 다음과 같이 말하고 있다.

　"주어진 상황이나 말에 대해 어떻게 반응하는지를 보고 그가 가진 뜻과 자질을 판단하는 한편, 감정의 미세한 움직임을 포착해서 군자인지

소인인지를 가려내야 한다. 예를 들면, 소인은 마음속으로 이루고자 하는 것을 도와주면 기뻐하고, 재능을 펼치지 못하고 뜻한 바를 이루지 못하면 원망한다. 이때 기뻐하고 원망하는 근거를 파악하면 그가 지향하는 바가 무엇인지 알 수 있다. 즉, 물질에 기뻐하고 원망하는 사람인지, 아니면 명예에 기뻐하고 원망하는 사람인지 구분할 수 있다."

열자(列子)는 "나라를 다스리는 어려움은 인재를 알아보는 데 있지, 자신이 유능해지는 데 있지 않다"라고 했다. 인재를 알아보고, 기용하는 일이 그만큼 중요하다는 뜻이다.

인재를 잘못 감별해서 승패가 갈린 역사적 사례는 헤아릴 수 없이 많다. 예컨대, 조나라 효성왕(孝成王)은 조괄(趙括)의 번지르르한 말에 속아 넘어가 실전 경험이 없는 그를 발탁해 망국에 이르게 했다. 그런 점에서 볼 때, 리더가 능력이 얼마나 뛰어난지 알려면 어떤 사람을 등용해서, 어떻게 활용하는지를 보면 된다. 그 자신이 아무리 능력이 뛰어나다고 해도 인재를 알아보지 못하고, 제대로 활용하지 못하면 그 능력이 절대 뛰어나다고 할 수 없기 때문이다.

인재를 어떻게 알아보고, 그렇게 해서 뽑은 인재를 어디에, 어떻게 써야 할까?

이 책은 그런 물음에서 시작되었다.

_ 학산 봉호(鳳湖)에서, 임채성

CONTENTS

PART 2 용인(用人), 사람을 쓸 줄 알아야 한다

PART 3 중용(重用), 소중하게 써야 한다

PART 4 위임(委任), 믿고 맡겨야 한다

PART 1

지   인,

知 人

사람을 알아야 한다

지인(知人).

인재 활용법의 기초이자 핵심.
예부터 뛰어난 군주일수록 사람 보는 안목이 탁월했다.
인재와 범재를 구분하지 못하면 뛰어난 리더라고 절대 할 수 없다.

사불문(四不問),
네 가지를 묻지 말라

사불문(四不問) _ 인재를 등용하는 데 있어 국적·민족·신분·나이 등 네 가지를 따지지 않았던 진나라의 인재정책.

조직이 성장하려면 능력이 뛰어난 사람을 찾아서 적재적소에 배치해야 한다. 하지만 수많은 사람 중 옥석을 가려낸다는 건 그리 쉬운 일이 아니다. 거기에 제한 조건이 있다면 인재를 찾는 일은 더욱 힘들어진다. 예컨대, 혈연이나 지연, 학연 등의 제한 조건이 많을수록 원하는 인재를 얻을 가능성은 그만큼 떨어진다.

인재는 내부에만 있는 것이 아니다. 세계 최강대국 미국의 힘은 과감한 이민정책, 곧 개방성에서 나온다는 건 누구나 인정하는 사실이다. 지금, 이 순간에도 수많은 나라의 인재가 미국으로 몰려들고 있다. 자신들의 능력을 인정해줄 뿐만 아니라 그 능력을 발휘할 때까지 아낌없이 지원해주기 때문이다.

서쪽 변방의 낙후한 진나라를 중원의 강자로 거듭나게 한 힘 역시 개방적인 인재정책에서 비롯되었다.

춘추오패(春秋五霸, 강력한 힘을 토대로 패업을 이룬 춘추전국시대 다섯 명의 제후)의 한 사람인 진 목공(穆公)은 인재라면 버선발로 뛰어나가서 맞았을 만큼 인재를 아꼈다. 서쪽 변방에 자리한 진나라가 중원을 장악하려면 뛰어난 능력을 지닌 사람이 꼭 필요했기 때문이다. 문제는 나라 안의 인재가 너무 적다는 것이었다.

오랜 고민 끝에 목종은 외국의 인재를 영입하기로 한다. 그야말로 파격적인 정책이었다. 일흔이 다 되도록 뜻을 펴지 못한 채 숨어 살던 백리해(百里奚) 역시 그렇게 해서 만났다.

목공이 노인을 향해 물었다. 초나라에서 소를 돌봤다는 노인은 초라하기 그지없었다.

"올해 나이가 어찌 되오?"

"아직 일흔밖에 되지 않았습니다."

"너무 늦게 만났구려."

목공은 기다리던 인재와 만났지만, 대업을 도모하기에는 나이가 너무 많았다. 목공이 실망감을 감추지 못하자, 노인이 말했다.

"그렇습니다. 대왕께서 날아가는 새를 잡고, 사나운 맹수와 맞서 싸우는 데 쓰기에는 신은 너무 늙었습니다. 하지만 나랏일을 맡을 사람을 찾는다면 아직 쓸모가 있습니다. 일찍이 태공망 여상(呂尙, 강태공)은 여든 살까지 위수에서 낚시로 소일했지만, 문왕이 그를 수레에 태우고 가서 신하로 삼아 주나라를 일으켰습니다. 그에 비하면 신은 열 살이나 적습니다."

그 말에 목공이 크게 기뻐하며 노인을 상경(上卿, 정승)으로 삼으려고 하자, 노인이 이렇게 말했다.

"신은 망한 나라 사람인데, 어찌 쓰시려고 합니까?"

"우(虞)나라가 망한 것과 그대가 무슨 상관이 있다는 말이오."

"저에게 건숙이라는 벗이 있는데, 신보다 열 배는 뛰어납니다. 대왕께서 큰 뜻을 품으셨다면 그를 불러 나랏일을 맡기시고, 신에게 그를 돕게 하십시오."

이에 목공은 즉시 사람을 보내 건숙을 초청했다. 이로써 목공은 두 사람의 현인을 얻었다.

_《사기(史記)》〈진본기(秦本紀)〉 중에서

노인은 백리해였다. 백리해와 건숙(蹇叔)은 진나라가 중원을 통일하는 데 있어 초석을 놓은 최고의 참모다. 하지만 그보다 더 대단한 것은 목공이다. 인재를 알아본 것은 물론 조건을 따지지 않고 그들을 과감히 기용했기 때문이다.

백리해는 우나라 출신으로, 나라가 망한 후 이름을 숨긴 채 초나라에 숨어 살고 있었다. 그의 뛰어난 능력과 사람됨을 전해 들은 목공은 초나라에 사람을 보내 그를 보내 달라고 요청했다. 초나라는 그를 보내주는 대가로 검은 양가죽 다섯 장을 요구했다. 이에 사람들은 그를 '다섯 장의 검은 양가죽을 주고 데려왔다'라고 해서 '오고대부(五羖大夫)'라고 불렀다. 이때부터 진나라는 인재를 기용할 때 국적·민족·신분·나이 등 네 가지를 따지지 않았다. 이것이 바로 '사불문(四不問)'으로, 지금 생각해도 매우 파격적인 인재정책이다.

수많은 나라가 자웅을 겨뤘던 춘추전국시대는 그야말로 약육강식의 세상으로 인재를 구하는 데도 매우 신중해야만 했다. 그러다 보니 대부분 군주는 가장 믿을 만한 사람인 자국 출신 인재를 곁에 두었다. 그런데 목공은 거기서 벗어나 외국의 인재를 과감하게 발탁했다. 인재를 알아보는 안목과 위험을 감수하지 않으면 불가능한 일이었다.

만일 목공이 진나라 출신 인재만을 고집했다면 외국의 수많은 인재가 진나라로 몰려오지 않았을 것이다. 굳이 위험을 감수하며 외국까지 가서 일할 필요가 없었기 때문이다. 하지만 그들은 자신을 알아봐 준 목공의 뛰어난 안목에 반해 기꺼이 고국을 떠났다.

목공이 대단한 것은 그렇게 해서 뽑은 이들이 능력을 제대로 발휘할 수 있는 환경을 제공했다는 점이다. 그 결과, 변방의 소국에 지나지 않았던 진나라는 서쪽의 패자가 된 것은 물론 중원을 호령하는 강자로 거듭났다.

"군주가 어떤 사람인지 잘 모르겠거든, 그가 기용하는 사람을 보라. 한 나라의 흥망에는 어떤 조짐이 나타난다. 나라가 흥할 때는 군자가 발탁되고, 소인은 물러난다. 하지만 나라가 망할 때는 충신은 숨고, 간신이 설친다. 나라의 안위는 군주의 말에 달려있고, 나라의 존망은 어떤 인재를 기용하느냐에 달려있다."

군주의 리더십과 나라의 흥망 모두 인재정책이 좌우한다는 가슴 서늘한 말이다.

궁형이라는 치욕을 참으면서 중국 최고의 역사서 《사기(史記)》를 남긴 사마천(司馬遷)의 말이다. 2,100여 년 전의 말이지만, 지금도 여전히 큰 가르침을 준다. 나라와 조직, 기업 흥망성쇠의 핵심은 인재임을 적확히 지적하고 있기 때문이다.

위수(渭水)에서 낚싯대를 기울이며 세상에 나아갈 날만을 손꼽아 기다리던 강태공(姜太公)이 쓴 《육서(六書)》를 보면 '장수(리더)를 고르는 8가지 방법(八觀法)'이 나온다. 그에 의하면, 리더는 다음과 같은 8가지 자질을 지녀야 한다.

첫째, 리더는 어느 한 분야의 전문 능력을 지녀야 한다. 하지만 그 것은 시간이 흐른다고 해서 저절로 쌓이는 것이 아니다. 끊임없는 공부와 노력만이 전문가로 거듭나게 한다.

둘째, 리더는 위기관리 능력이 뛰어나야 한다. 산전수전 다 겪은 사람일수록 위기에 강하다. 모두가 도망치고 주저앉을 때 어려움을 피하지 않고 부딪혀서 이기는 사람이라야 최고의 인재로 거듭날 수 있다.

셋째, 리더는 조직에 충성해야 한다. 앞에서는 충성하는 척하고, 뒤돌아서서는 조직을 배신하는 사람은 리더가 절대 될 수 없다.

넷째, 리더는 높은 인격과 도덕성을 갖춰야 한다. 뛰어난 리더일수록 됨됨이가 뛰어나고 높은 도덕성을 갖추고 있다. 윤리와 도덕은 능력을 더욱 돋보이게 한다. 따라서 물건을 하나 만들어도 내 가족이 쓸 물건이라고 생각해야 한다. 능력이 아무리 뛰어나도 도덕성이 없다면, 그 능력은 모래 위에 쌓은 누각과도 같다.

다섯째, 리더는 청렴하고, 물욕이 없어야 한다. 재물 앞에서 흔들리지 않는 사람일수록 조직을 이끌 자격이 있다. 재물에 약하고, 쉽게 흔들리는 사람이 마지막까지 남아서 조직을 이끄는 경우는 거의 없다.

여섯째, 리더는 절개가 있어야 한다. 여색은 예나 지금이나 인재의 앞을 가로막는 걸림돌이다. 여색에 빠져 자신은 물론 조직을 무너지게 한 예는 무수히 많다.

일곱째, 리더는 용기가 있어야 한다. 조직이 위기에 처했을 때 자신은 뒤로 물러서면서 다른 사람들에게 앞장서라고 하는 사람은 절대 리더가 될 수 없다.

마지막으로, 리더는 술에 강해야 한다. 술은 사람을 취하게 하고 정신을 흐리게 하여 판단력을 떨어뜨린다. 그런 점에서 술을 이기지 못하는 사람은 리더로서 결정적인 결점이 있다고 할 수 있다.

_《육도》 중에서

하지만 요즘은 술을 못한다고 해서 큰 흠이 되지는 않는다. 오히려 술을 자주 마시는 사람일수록 실수하는 경우가 많다. 그 때문에 '술' 대신 '유혹'이라는 말로 바꿔 사용하기도 한다. 자고로 리더라면 모든 유혹으로부터 자신을 지킬 수 있어야 한다.

그런가 하면 반드시 피해야 할 인재도 있다. 《한비자(韓非子)》에 '맹구지환(猛狗之患)'이라는 고사가 나온다.

송나라에 술을 만들어 파는 사람이 있었다. 술맛도 좋고 넉넉히 줘서 많은 사람이 그의 가게를 찾았다. 그런데 언제부터인가 손님이 점점 줄어들더니, 급기야 술이 팔리지 않아 상하기 시작했다. 그 이유가 궁금했던 주인이 현인에게 물었다.

"술맛은 그대로인데, 왜 손님이 찾아오지 않는 것일까요?"

"개가 사나워서일세. 사나운 개가 그토록 짖어대는데, 어떤 손님이 술맛을 즐길 수 있겠는가?"

_《한비자》 중에서

한비자는 나라에도 사나운 개가 적지 않다고 했다. 군주가 아무리 인재를 아끼더라도 그 인재를 알아주는 신하가 없으면 어떤 인재도 얻을 수 없다는 것이다.

조직 역시 마찬가지다. 남을 헐뜯고 비방하기 좋아하는 사람이 있는 조직에는 인재가 오지 않는다. 그런 사람들이야말로 조직의 발전과 성장을 가로막기 때문이다.

인재는 하루아침에 만들어지지 않는다. 리더가 알아주고, 마음껏 역량을 펼칠 수 있는 환경과 기회를 얻는 사람만이 인재로 거듭날 수 있다. 그런 점에서 인재를 키우는 것은 리더의 역량에 달려있다고 할 수 있다.

객경(客卿),
진시황의 천하 통일 위업의 비밀

객경(客卿) __ 외국 출신의 고위 관료.

조직에는 여러 종류의 사람이 필요하다. 하지만 순혈주의에 집착해 외부인을 배척하는 조직이 아직도 꽤 있다. 자신과 맞지 않는 사람은 철저히 무시하고 소외시키는 리더 역시 적지 않다. 과연, 그런 조직과 리더가 원하는 만큼 성장하고 발전할 수 있을까.

리더는 다양한 사람을 아우를 줄 알아야 한다. 즉, 모든 선과 악, 현명함과 어리석음을 포용할 수 있어야 한다.

진시황(秦始皇)의 천하 통일 위업의 비결 역시 거기에 있다. 절대 권력을 바탕으로 권위적이고 위엄이 넘쳤던 진시황은 인재 등용에 있어서만큼은 매우 합리적이고 개방적이었다. 능력만 있다면 출신 지역이나 신분, 나이 등은 따지지 않았다.

한나라에 정국(鄭國)이라는 물을 잘 다스리는 사람이 있었다. 진왕(秦王, 진시황) 원년, 한나라는 그를 사신으로 파견해 3백 리에 이르는 대규모 수로 공사를 제안한다. 진의 재정을 탕진해서 국력을 약화하려는 계략이었다. 진나라를 피로하게 하는 계책, 일명 '피진계(疲秦計)'였다. 하지만 공사가 절반쯤 진행되었을 때 음모가 그만 드러나고 말았다. 진노한 진나라 대신들은 그를 즉시 처형하라고 왕에게 간언했다.

"정국은 겉으로는 진나라를 섬기는 척하지만, 첩자임이 분명합니다. 즉시 그를 처형하십시오."

문제는 거기서 끝나지 않았다. 그때까지 진나라 인재정책의 근간이 되었던 '객경' 역시 폐지될 위기에 처했다. 외국 인재들에게 자리를 뺏긴 대신들이 너나 할 것 없이 축객령(逐客令, 외국인 벼슬아치를 추방하는 것)을 주장했기 때문이다. 그러자 진시황은 모든 외국 인재를 즉시 해고한다고 선언했다.

초나라 출신 이사(李斯) 역시 축출 대상에 포함되었다. 하루아침에 쫓겨날 위기에 처한 그는 목숨을 걸고 축객령의 불합리성을 지적하는 상소를 올린다. 〈간축객서(諫逐客書)〉가 바로 그것이다.

지금 대신들이 너나 할 것 없이 외국인을 추방하라고 합니다. 하지만 이는 매우 잘못된 것입니다. 목공은 백리해를 비롯해 북방 융족의 유여(由余), 송의 건숙, 진(晉)의 비표(丕豹)와 공손지(公孫枝) 등 외국의 인재를 중용했고, 그것을 계기로 중흥의 발판을 마련했습니다.

효공(孝公) 역시 위나라에서 온 상앙(商鞅)의 법을 채택해서 나라의 질서를 바로잡았습니다. 그 결과, 백성들은 부유해지고, 국력은 강해졌습니다. 제후들이 진에 속속 복속했고, 초나라와 위나라를 격파해서 천 리의 영토를 얻었습니다.

그뿐만이 아닙니다. 혜왕(惠王)은 위나라 출신 장의(張儀)의 계책에 따라 삼천(三川)의 땅을 빼앗고, 진의 배후지인 파촉(巴蜀, 지금의 쓰촨성)을 병합했으며, 북으로는 상군(上郡)을 거두고, 남으로는 한중(漢中)을 취했습니다. 나아가 초나라의 언(鄢, 지금의 허베이성 이청)과 영(郢, 초나라의 수도 장링)을 점령하고, 동으로는 비옥한 성고(城皐)를 빼앗았으며, 진나라를 섬기게 해 그 공적이 오늘에 이르고 있습니다. 소왕(昭王) 역시 위나라 출신 범저(范雎)를 얻은 후 왕실의 권위를 높였고, 주나라를 점령해 진의 제업(帝業, 제왕의 업적)을 이루었습니다.

이 네 분의 군주는 모두 외국의 인재를 객경으로 중용해 성공했다는 공통점을 갖고 있습니다. 만일 네 분의 군주가 외국의 인재를 등용하지 않고 멀리했다면 오늘의 진은 없을 것입니다.

반드시 진에서 나는 것이어야 한다면 정(鄭)나라와 위나라 여자를 후궁으로 둘 수 없고, 아름다운 조나라 여자도 폐하 곁에 두실 수 없습니다. 인물이 좋고 나쁨은 가리지 않은 채 진나라 사람이 아니면 모두 물리치고, 타국 사람은 무조건 추방하면서 여색과 주옥만은 예외로 하는 것은 옳지 않습니다.

땅이 넓으면 곡식이 많이 나고, 나라가 크면 백성이 많으며, 군대가 강하면 병사가 용감한 법입니다. 마찬가지로 태산은 한 줌의 흙도 버리지 않기에 그렇게 클 수 있었고, 황하는 아무리 작은 시내라도 마다하지 않았기에 그렇게 깊을 수 있는 것입니다(泰山不讓土壤 河海不擇細流).

외국 출신의 인재를 추방하는 일은 그들을 다른 나라로 가게 해서 적을 이롭게 할 뿐입니다.

진에서 나지 않는 물건도 소중한 것이 많듯 비록 진 출신은 아니지만, 진에 충성하려는 이들도 많습니다. 외국 출신 인재를 추방하는 것은 안으로는 인재를 버리고, 밖으로는 제후들의 원한을 사는 행위일 뿐입니다. 그렇게 되면 나라의 부강과 발전 역시 뜻대로 이루어지지 않을 것입니다.

_《사기》〈이사열전(李斯列傳)〉 중에서

이사의 글에 감명받은 진시황은 곧 축객령을 거둬들이고, 그의 관직을 회복시켰다. 그의 정책이 중용 받은 것은 물론이다. 천하 통일의 원대한 구상 역시 그의 머리에서 나왔다. 그는 진시황에게 '기회를 잡으면 절대 머뭇거려서는 안 된다'라는 속전속결의 논리와 한나라부터 쳐야 한다는 단계적 통일론을 제시했다. 또한, 군사력 강화와 함께 6국 내부의 적을 활용하는 뇌물 전략을 동시에 병행해야 한다고 주장했다.

이렇듯 시대 흐름과 국제정세를 정확히 읽은 그의 통찰력과 탁견으로 인해 진나라는 절대 강자로 군림하게 된다. 하지만 아이러니하게도 진나라와 진시황을 무너지게 한 사람 역시 이사였다.

《사기》〈진시황본기(秦始皇本紀)〉를 보면 "시황제는 승상 이사의 제언에 따라 시황 34년(기원전 213년)에 분서를 명령하고, 다음 해에는 학자 460여 명을 땅에 묻어 죽였다"라는 기록이 있다. 이른바 분서갱유(焚書坑儒)다. 이 사건은 진나라의 멸망은 물론 후세에 시황제를 깎아내리는 결정적 근거가 되었다.

▶▶▶ 제갈량의 지인지도(知人之道)

"예나 지금이나 진나라를 얘기하는 사람은 오직 배척할 줄만 알뿐, 제업(帝業)을 이룬 이유에 대해서는 알지 못한다. 삼 대(三代) 이래로 인재 등용에 정해진 틀의 구애를 받지 않고 인재를 구했던 나라는 오직 진나라뿐이다."

다산 정약용(丁若鏞)의 사론(史論) 중 하나인 《진지제업(秦之帝業)》에 나오는 말이다. 그만큼 진나라는 인재를 중요하게 생각했고, 파격적인 인재정책을 시행했다. 상앙을 비롯해 장의(張儀), 범저(范雎), 이사 등 진나라의 중흥을 이끈 중신 대부분은 다른 나라 출신이었다.

진나라는 상앙의 '변법'에 따라 군사주의로의 전환이 이뤄져 다른 나라의 군사력을 압도하게 되었고, 장의의 '연횡책(連橫策)'으로 6국의 합종책(合從策)을 각개 격파해 영토를 확장했으며, 범저의 외교정책인 '원교근공책(遠交近攻策)'을 바탕으로 외교에서의 우위를 확실하게 지켰다. 나아가 그런 개방적이고 파격적인 정책들은 천하 통일의 중요한 근간이 되었다. 하지만 통일 후 진시황이 보인 행동은 그때까지와는 전혀 달랐다. 개방이 아닌 쇄국과 단절을 택했기 때문이다. 그 대표적 상징물이 바로 분서갱유와 만리장성이다. 그 결과, 민심을 잃은 진나라는 채 50년을 넘기지 못하고 무너지고 말았다.

나라의 흥망은 인재가 제대로 쓰이느냐 마느냐에 달렸다. 하지만 많은 리더가 있는 인재마저 제대로 활용하지 못하는 경우가 적지 않다. 좁은 안목과 시기, 질투 때문이다. 그런 점에서 "태산은 한 줌의 흙도 버리지 않기에 그렇게 클 수 있었고, 황하는 아무리 작은 시내라도 마다하지 않기에 그렇게 깊을 수 있다"라는 이사의 말은 의미하는 바가 크다.

우리 역사에도 그것을 입증한 사람이 있다. 바로 세종대왕이다. 세종은 "내가 사람을 미처 알지 못한다(未知人物)"라며 자신을 낮추는 '겸허'와 신하의 말을 잘 듣는 '경청', 자신을 반대하는 사람도 과감히 아우르는 '포용'을 지인(知人)의 핵심으로 삼았다.

세종이 성군의 반열에 오른 것은 황희라는 명재상이 있었기 때문이다. 하지만 황희는 세종이 세자 시절, 장자 계승 원칙을 주장하며 끝까지 세종을 반대한 인물이었다. 세종 처지에서 보면 자신의 왕위 등극을 가로

막은 역적인 셈이다. 하지만 세종은 그런 황희를 내치는 대신 끌어안았다. 보통 사람의 도량으로는 절대 쉽지 않은 일이었다.

자고로 리더는 그와 같아야 한다. 자신에게 필요한 사람은 적이라도 포용하고, 아우를 수 있어야 한다. 리더의 포용력이야말로 인재의 질과 양을 좌우하는 핵심이기 때문이다. 그렇다면 자신에게 필요한 사람은 어떻게 알아볼 수 있을까.

제갈량의 '지인지도(知人之道)'라는 인재론이 있다. 여기에는 사람을 알아보는 7가지 방법이 나온다.

> 첫째, 옳고 그른 것을 물음으로써 시비를 가리는 능력을 살핀다.
>
> 둘째, 일부러 궁지에 몰아넣어 임기응변 능력을 살핀다.
>
> 셋째, 어떤 책략에 관한 의견을 물어서 식견을 살핀다.
>
> 넷째, 위기상황을 알려주고 그것에 맞설 용기가 있는지 살핀다.
>
> 다섯째, 술에 취하게 해서 본성을 살핀다.
>
> 여섯째, 이익을 제시해서 청렴한가 아닌가를 살핀다.
>
> 일곱째, 기한이 정해진 일을 맡겨 신용할 수 있는지를 살핀다.
>
> __《제갈량집(諸葛亮集)》〈심서(心書)〉 중에서

제갈량은 이 원칙에 따라 인재를 선발했다. 이를 통해 볼 때, 제갈량은 능력뿐만 아니라 인품을 제대로 갖춘 사람을 선호했음을 알 수 있다.

군이지인위명(君以知人爲明),
군주는 인재를 알아봄으로써 밝아진다

군이지인위명(君以知人爲明) __ '군주는 인재를 알아봄으로써 밝아진다'라는 뜻으로, 인재를 통해 깨달음을 얻고 나라를 바르게 다스린다는 말.

《삼국지(三國志)》를 보면 일세를 풍미했던 영웅호걸이 즐비하다. 그 무수한 영웅호걸 중 《삼국지》의 실제 주인공은 단연 제갈량이라는 점에 이의를 제기하는 사람은 거의 없다. 그만큼 그는 충심과 뛰어난 능력을 보여준 이상적인 리더였다.

사실 제갈량은 관우(關羽)나 장비(張飛), 조자룡(趙子龍)처럼 무력이 뛰어난 장수도 아니었을뿐더러 신산귀모(神算鬼謀)의 신비한 책사도 아니었다. 그런데도 그가 중국 역사상 최고의 참모로 꼽히는 이유는 겸손과 절제, 따뜻한 마음이 많은 사람을 사로잡기 때문이다.

유비와 관우, 장비가 죽은 후 제갈량은 마지막 힘을 모아 위나라 공격에 나섰다. 하지만 그것은 모험에 가까운 일이었다. 당시 위나라와 촉나라의 군사력을 객관적으로 비교했을 때 6대 1 정도로 촉나라가 절대 열

세웠기 때문이다. 제갈량 역시 이 사실을 모를 리 없었다. 하지만 그는 한나라 부흥이라는 유비와의 약속을 반드시 지키고자 했다. 더욱이 자신이 죽으면 더는 그 약속을 지킬 수 없었기에 절대 이길 수 없는 싸움이라는 것을 알면서도 스스로 앞장설 수밖에 없었다.

리더라면 누구나 제갈량 같은 참모를 곁에 두고 싶어라 한다. 그렇다면 유약하고 무능한 리더로 각인된 유비가 제갈량을 얻을 수 있었던 비결은 과연 무엇일까. 제갈량의 '출사표(出師表)'에 그 해답이 있다.

신, 제갈량 말씀드립니다.

선제(先帝)께서 창업을 이루시던 도중 쓰러지시고, 이제 천하는 삼분되었는데, 그중 우리 익주(益州)는 가장 피폐해 있습니다. 참으로 위급 존망이 아닐 수 없습니다. 신하들이 태만하지 않고, 충신들이 제 몸 돌보기를 잊은 채 나라에 봉사하는 것은 오직 선제의 마음을 좇아 폐하께 보답하려는 충정에서 비롯된 것입니다. 그러니 폐하께서는 선제의 유덕을 빛내고, 그들의 마음을 너그럽게 보살피는 데 힘써주십시오.

선을 마땅히 높이 받들어 넓게 펼치시고, 악은 벌주어서 물리쳐야 합니다. 나아가 사심으로써 궁중과 조정의 차별을 두지 않도록 해야 합니다. 만일 간사한 짓으로 죄를 범하는 자가 있다면 벌로써, 충의 선량한 사람이 있다면 합당한 상을 내림으로써 공평무사한 정사를 천하에 보이십시오. 어진 신하를 가까이 두고 소인을 멀리하는 것이야말로 전한의 문제와 무제께서 나라를 융성하게 한 기초이며, 소인을 가까이 두고 어진 신하를 멀리하는 것은 후한의 환제(桓帝)와 영제(靈帝)가 사직을 쇠퇴하게 한 이유입니다.

신은 한낱 선비의 몸으로 남양 땅에서 스스로 밭을 갈아 난세를 근근이 살고자 했을 뿐, 제후 밑에서 벼슬하며 몸의 영달을 꾀하려는 생각은 전혀 없었습니다. 그러나 선제께서 신의 비천함을 꺼리지 않고 고귀한 신분으로 친히 저의 초가집을 세 번이나 찾으시어 당세의 방책을 물으셨습니다. 신은 이에 감읍하여 선제를 위해 한 몸 바쳐 헌신할 것을 맹세했습니다.

선제께서 붕어(崩御, 임금이 세상을 떠남)하실 때 신을 친히 부르시어 국가 대사를 부탁하셨습니다. 그 후 신은 밤낮으로 그 명을 성취하고자 노력했지만, 부탁하신 보람이 나타나지 못할까 봐, 선제의 명민함을 상하게 하지는 않을지 항상 염려하고 있습니다.

작년 5월 남쪽 노수(瀘水)를 건너 불모의 땅에 깊이 들어가 만족(蠻族)을 완전히 평정했습니다. 이제 신은 대군을 거느리고 북진해서 위나라를 친 후 중원을 평정하여 한나라 사직을 부흥하고 도읍을 낙양으로 돌려가고자 합니다. 이것이야말로 신이 선제의 은혜에 보답하고, 폐하께 충절을 다하는 길입니다. 나아가 신에게 주어진 평생의 임무이기도 합니다.

신에게 적을 치고, 공을 세우라고 위탁하십시오. 공이 없으면 신은 벌로써 선제의 혼에 고하겠습니다. 아무쪼록 선정을 베푸시고 바른말을 받아들이셔서 깊이 선제의 유언에 따르시옵소서. 신은 지금 먼 곳으로 떠남에 있어 표에 임해 슬피 울며 말할 바를 잊었습니다.

_《삼국지》〈제갈량전(**諸葛亮傳**)〉 중에서

유비는 제갈량을 소개받은 후 세 번이나 그의 집을 찾아간 뒤에야 그를 얻는 데 성공했다. 당시 그의 나이는 47세, 제갈량은 27세였다. 자신보다 스무 살이나 어린 상대에게 머리를 숙인 셈이다.

많은 사람이 유비를 우유부단하고 무능한 리더로 꼽는다. 하지만 이는 옳지 않다. 그가 정말 무능한 리더였다면 백성과 부하들의 마음 역시 얻지 못했을 것이기 때문이다.

유비는 인재를 꿰뚫는 날카로운 통찰력을 갖고 있었다. 또한, 아무리 아랫사람이라도 예로써 맞이했고, 능력을 최대한 발휘할 때까지 기다려주었다. 한마디로 그는 덕망을 갖춘 리더였다. 이점이 바로 그가《삼국지》의 수많은 영웅을 제치고 최고의 리더로 올라설 수 있었던 이유이자, 중국 역사상 가장 뛰어난 참모로 꼽히는 제갈량이 그를 위해 목숨까지 내놓은 비결이다.

유비는 죽으면서 제갈량에게 "아들 유선(劉禪)이 시원찮거든 대신 나라를 맡아 달라"는 탁고(託孤, 고아의 장래를 믿을 만한 사람에게 부탁함)를 남긴다. 이에 제갈량은 흐느껴 울면서 이렇게 맹세했다.

"절대 있을 수 없는 일입니다. 저는 어디까지나 가장 신뢰받는 신하로서 충절을 다할 것이며, 목숨을 걸고 태자 전하를 지킬 것입니다."

그의 출사표는 그런 다짐과 자신을 알아준 유비에 대한 충심의 결과
였다.

▶▶▶ 인재를 꿰뚫는 유비의 통찰력

진수(陳壽)는《삼국지》에서 유비에 관해 이렇게 말하고 있다.

"선주는 홍의(弘毅, 포부가 크고 굳셈) 관후(寬厚, 너그럽고, 후함)하
고, 지인(知人) 대사(待士, 선비를 잘 대우함)하니, 한 고조의 풍채와 태
도, 영웅의 그릇을 갖추었다. 나라를 들어 제갈량에게 탁고(託孤)했지
만, 마음에 두 갈래가 없었으니, 실로 군신의 지공(至公, 지극히 공정함)
함은 고금의 성궤(盛軌, 모범)라고 할 수 있다. 기권(機權, 기지와 임기응
변), 간략(幹略, 재능과 모략)은 위무제(魏武帝, 조조)에 미치지 못했기
에 그 영토는 협소했다. 그러나 꺾일지언정 굽히지 않고 끝내 다른 사람
아래에 있지 않았다."

유비의 이름인 '비(備)'에는 두 가지 뜻이 담겨 있다. '근신하며 준비한
다'라는 것과 '모두 갖추었다'라는 것이 바로 그것이다. 알다시피, 그는
실패를 통해 성장했다. 수많은 실패를 통해 자신의 한계를 배웠고, 자신
을 낮추는 법을 터득했다. 그것을 일컬어 어떤 이들은 그를 무능하고 유
약한 군주의 표본으로 여기곤 한다. 하지만 그가 아니었다면 천하는 조

조의 차지가 되었을 것이다.

유비는 오랜 세월 수많은 사람과 부대끼고 실패를 거듭하며 인재의 장단점을 꿰뚫는 통찰력을 지니게 되었다. 이는 단순히 인재를 아끼는 것과는 다르다. 인재를 아끼는 것은 누구나 할 수 있지만, 그 능력을 파악하고 적재적소에 쓰는 일은 아무나 할 수 없기 때문이다. 그런 점에서 유비야말로 '군주는 인재 알아봄으로써 밝아진다'라는 '군이지인위명(君以知人爲明)'을 확실히 알고 실천했던 군주라고 할 수 있다.

국유삼불상(國有三不詳), 나라를 망치는 세 가지 불길한 징후

삼불상(三不詳) __ '상서롭지 못한 세 가지'라는 뜻으로 인재의 중요성을 말할 때 자주 쓰는 말.

관중(管仲)과 안자(晏子)는 제(齊)나라를 강국으로 만든 명재상이다. 관포지교(管鮑之交)의 주인공으로 알려진 관중은 40여 년 동안 재상을 지내며 정치 · 경제 등 대대적인 개혁을 성공으로 이끌었고, 환공(桓公)이 춘추5패 중 가장 먼저 패업을 달성하는 데 크게 이바지했다.

흔히 '안자(晏子)'라고 불리는 안영(晏嬰)은 세 명의 군주를 섬기며 기울어져 가는 제나라를 다시 일으켜 세웠다. 특히 그는 군주에게 직언을 서슴지 않았다. 그와 그의 제자들이 지은《안자춘추(晏子春秋)》에 그와 관련된 많은 일화가 있다.

사마천은 이 두 사람을 묶어 열전 중 두 번째로〈관안열전(管晏列傳)〉을 지었다.

국유삼불상(國有三不詳). 안자의《안자춘추》에 나오는 말로 '상서롭지 못한 세 가지'라는 뜻이다. 인재의 중요성을 말할 때 자주 쓴다.

제나라 경공(景公)이 사냥을 갔다가 호랑이와 구렁이를 보고 돌아와 재상 안영을 향해 물었다.

"짐이 사냥을 갔다가 산 위에서는 호랑이를 보고, 산 아래 못에서는 구렁이를 봤소. 혹 나라에 상서롭지 못한 일이 생기지 않을까 걱정이오"

그러자 안영이 말했다.

"산에 가면 뱀과 호랑이가 당연히 있는 법인데, 그것이 무슨 관계가 있다고 상서롭지 못한 징조라고 하십니까? 나라에 상서롭지 못한 일은 세 가지뿐입니다. 인재를 제대로 알지 못하는 것(有賢不知), 인재를 알아도 등용하지 않는 것(知賢不用), 인재를 등용해도 신임하지 않는 것(用而不任)이 바로 그것입니다."

_《안자춘추》 중에서

열자(列子)는 "나라를 다스리는 어려움은 인재를 알아보는 데 있지, 자신이 유능해지는 데 있지 않다"라고 했다. 군주의 유능함도 중요하지만, 인재를 알아보고 기용하는 일이 더욱 중요하다는 뜻이다. 관중이 제나라 환공에게 "천하의 패주가 되고 싶다면 사람을 알고(知人), 사람을 알았으면 쓰고(用人), 썼으면 중용하고(重用), 기용했으면 의심하지 말라(委任)"라고 간언한 것과 같은 맥락이다.

환공은 포숙아(鮑叔牙)의 요청으로 자신을 죽이려고 했던 관중을 재상으로 받아들인 후 기회가 될 때마다 자신이 천하의 패주가 될 수 있겠냐고 물었다. 그때마다 관중은 얼마든지 가능하다고 했다. 환공이 그 방법을 상세히 묻자 관중은 이렇게 말했다.

"천하의 패주가 되려면 네 가지를 반드시 갖춰야 합니다.

첫째, 지인(知人). 즉, 사람을 알아야 합니다. 인재와 범재를 구분하지 못하면 패주가 절대 될 수 없습니다.

둘째, 용인(用人). 즉, 사람을 안 뒤에는 바르게 쓸 줄 알아야 합니다. 그가 어떤 능력을 지니고 있는지 알아서 역량을 제대로 발휘하게 하는 것이 군주의 역할입니다.

셋째, 중용(重用). 즉, 사람을 쓰되, 그냥 쓰지 말고 능력에 맞추어 소중하게 써야 합니다. 모든 사람은 저마다 능력이 다르기에 그릇 역시 제각각 다르기 마련입니다. 그것을 잘 헤아리는 군주만이 패주가 될 수 있습니다.

넷째, 위임(委任). 즉, 사람을 썼으면 절대 의심하지 말고, 믿고 맡겨야 합니다. 의심하려면 차라리 처음부터 쓰지 않는 것이 옳습니다.

하지만 그보다 더 중요한 것이 있습니다. 바로 원소인(遠小人), 소인배(간신)를 멀리하는 것입니다. 네 가지를 잘 실천하고도 간신에게 놀아나면 모든 것이 무용지물이기 때문입니다. 따라서 천하의 패주가 되려면 간신의 세 치 혀에 놀아나서는 절대 안 됩니다."

_《사기》〈관안열전(管晏列傳)〉 중에서

환공은 관중의 말을 그대로 실천했고, 수많은 나라가 패권을 다투던 춘추전국시대 최초의 패자(霸者, 제후의 우두머리)가 되었다.

환공이 천하를 호령하게 된 데는 관중의 역할이 매우 컸다. 그는 바다에 인접한 제나라의 특성을 살려 소금을 전매함으로써 국고를 튼튼하게 했을 뿐만 아니라 뛰어난 외교술로 다른 나라를 압도했다. 하지만 아이러니하게도 두 사람은 원수지간이었다. 그런 관중을 친구 포숙은 환공에게 추천했다. 놀라운 것은 환공이다. 환공은 한때 자신을 죽이려고 했던 관중의 죄를 묻기는커녕 흔쾌히 재상으로 삼았다. 그의 안목이 얼마나 뛰어났는지 알수 있다.

환공은 인재를 매우 아꼈다. 출신 성분과 관계없이 인재를 등용하겠다며 대궐 앞에 항상 횃불을 켜놓았을 정도였다. 인재가 찾아오면 언제라도 만나기 위해서였다. '밤새 불을 켜고 인재를 기다린다'라는 '정료지광(庭燎之光)'이란 말 역시 여기서 유래했다.

예나 지금이나 변하지 않는 인재경영의 철칙이 있다. 인재는 직접 찾아야 하며(知人), 찾았으면 써야 하고(用人), 능력에 맞춰 소중히 쓰고(重用), 썼으면 절대 의심하지 말고, 믿고 맡겨야 한다(委任)는 것이다.

한 명의 인재가 만 명을 먹여 살리는 시대다. 그만큼 인재는 중요하다. 대부분 조직과 기업이 그런 인재를 원한다. 구성원의 능력이 곧 경쟁력과 성장의 척도이기 때문이다. 그런 점에서 이제 인재 확보는 선택이 아닌 생존의 문제가 되었다. 하지만 '인재가 어디 있는지 모르겠다'라는 조직과 기업이 있는가 하면, 인재가 저절로 모여드는 곳도 있다.

기업 경영에서 인재 양성 못지않게 중요한 것이 인재가 모이는 기업, 인재가 일하고 싶은 기업을 만드는 것이다. 과연, 세계적 기업은 어떻게 인재를 얻고 키울까.

인재를 모으는 가장 좋은 방법은 스스로 찾아오게 하는 것이다. 자율성과 창의성을 마음껏 발휘하는 기업문화, 일하고 싶은 기업문화를 가진 기업은 인재가 저절로 모인다.

일본 경영의 신으로 불리는 마쓰시타 고노스케가 〈마쓰시타 전기〉를 설립하고 얼마 되지 않았을 때 구성원들에게 한 말은 시사하는 바가 매우 크다.

"사람들이 '당신 회사는 무엇을 만드는 회사인가?'라고 물으면 '우리

회사는 사람을 만듭니다'라고 대답하라."

기업에 있어 가장 중요한 자산은 물건도, 서비스도 아니다. 그것을 만들고 제공하는 사람, 즉 인재야말로 기업의 가장 중요한 자산이다. 마쓰시타 고노스케는 그것을 정확히 알고 있었던 셈이다.

리더가 구성원을 중요하게 생각하지 않으면 구성원 역시 소속감과 애사심이 떨어지게 마련이다. 또한, 리더 역시 당연히 존경받지 못하며 멀리하게 된다. 그런 점에서 구성원이 믿고 따르는 리더야말로 최고의 리더이자 기업 발전의 핵심이라고 할 수 있다.

지인선용(知人善用),
그릇의 크기를 알아야 한다

지인선용(知人善用) _ '사람을 잘 알아보고 잘 활용한다'라는 뜻으로 인재를 알아보고, 적재적소에 활용하는 능력을 가리키는 말.

　　중국 속담에 "울타리를 만들려면 세 개의 말뚝이 필요하다"라는 말이 있다. 큰 뜻을 품은 사람이 그것을 이루려면 세 사람의 뛰어난 조력자가 있어야 한다는 말이다.

　　《논어(論語)》에 '지인선용(知人善用)'이라는 말이 있다. 인재를 알아 보고, 적재적소에 활용하는 능력을 말한다.

　　한 고조 유방은 항우와 비교해서 모든 면에서 절대 열세였다. 출신에서부터 외모, 능력, 군사력은 물론 전투 능력에서도 역발산기개세(力拔山氣蓋世)의 용장인 항우와는 비교 자체가 불가능했다. 하지만 천하를 차지한 것은 항우가 아닌 그였다. 그가 반전의 리더로 등장할 수 있었던 데는 소하(蕭何), 한신(韓信), 장량(張良) 같은 인재들을 알아보고 중용했기 때문이다. 인재를 알아보는 능력과 용인술에 있어서만큼은 그가 항우를 능가했던 셈이다.

천하 통일 후, 고조는 생사고락을 함께했던 개국 공신들을 차례대로 숙청했다. 한신(韓信) 역시 그 예외가 아니었다. 그는 한나라 개국의 일등 공신이었지만, 고조나 한 왕실 처지에서 보면 그야말로 위험한 인물이었다. 자신의 세력을 지닌 그가 미덥지 못했을뿐더러 그가 숨겨둔 야심을 드러냈기 때문이다.

고조에게 있어 한신은 '사냥을 마친 개'였다. 어떻게든 처리해서 힘을 억누를 필요가 있었다. 이에 호시탐탐 기회를 엿보았다. 조금이라도 모반의 기미가 엿보이면 제거해 버릴 생각이었다. 그러던 중 마침내 기회가 왔다. 한신이 항우의 장수였던 종리매(鐘離眛)를 숨겨준 것이다. 고조는 이를 기회 삼아 한신을 장안으로 압송한 후 회음후(淮陰侯)로 좌천해 도읍에서 벗어나지 못하게 했다.

그즈음 있었던 일이다.

고조가 한신과 장수의 그릇에 관해 이야기하며 물었다.

"나 같은 사람은 군사를 얼마나 거느릴 수 있겠소?"

"황공하오나, 폐하께서는 10만 명쯤 거느릴 수 있는 장수에 불과합니다."

"그대는 어떻소?"

"신은 신축자재(伸縮自在, '늘었다 줄었다 하는 데 구애받지 아니

한다'라는 뜻으로 조건과 환경에 맞게 움직이는 것이 여유 있고 구속이 없음을 이르는 말)해서, 많을수록 좋습니다."

"그런데 그대는 어째서 10만 명의 장수를 거느릴 수밖에 없는 과인의 포로가 되었소?"

그러자 한신은 다음과 같이 말했다.

"그건 폐하는 병사의 장수가 아니라 장수의 장수이기 때문입니다. 그것이 신이 폐하의 포로가 된 이유입니다."

결국, 고조의 의심을 산 한신은 자신은 물론 삼족이 죽임을 당하고 말았다.

_《정관정요(貞觀政要)》중에서

한신의 말에는 뼈가 있었다. 회음후로 강등된 것에 대한 불만을 은연중에 드러낸 셈이다. 고조 역시 그 사실을 모르지는 않았다. 이에 그를 더욱 꺼리고 의심하게 되었다.

'다다익선(多多益善)'이라는 고사성어를 낳은 이 이야기는 어떤 사람이 리더로 적합한지를 말하고 있다. 병사를 다스리는 능력과 장군을 다스리는 능력은 엄연히 다르다. 이것이 바로 '그릇의 차이'이다.

어리석은 신하가 현명한 임금을 만들 수 없고, 아무리 뛰어난 군주라도 만기친람(萬機親覽)할 수 없기에 예부터 성군(聖君)과 현신(賢臣)은 불가분의 관계로 여겨졌다.

동서고금을 막론하고 리더가 얼마나 출중한 능력을 지녔는지 알려면 그가 어떤 인물을 발탁해서, 어떻게 활용했는지 살피면 된다.

일본 경제기획청 장관을 지낸 사카이야 다이치(堺屋太一)는《조직의 성쇠》라는 책에서 모든 면에서 열세였던 한 고조 유방이 항우를 이긴 비결로 인재의 적재적소 배치를 꼽았다. 최전선에 한신, 전략과 전술에 장량(張良), 민심 수렴과 지원에 소하(蕭何)라는 인재를 제대로 활용했기에 항우와의 결전에서 승리할 수 있었다는 것이다.

▶▶▶ 인재 관리의 고수, 방현령의 인재관리법

인재정책에 있어서 핵심 인재를 발탁해 적재적소에 배치하는 일만큼 중요한 일은 없다. 특히 하루가 다르게 급변하는 지금과 같은 환경에서는 인재를 구별하고, 능력에 따라 배치하는 일이 기업과 조직의 운명을 좌우한다.

'적재적소'란 어떤 일에 알맞은 재능을 가진 사람에게 그에 적합한 지위나 일을 맡기는 것을 말한다. 인사에 있어서 이보다 중요한 원칙은 없다. 누구에게 어떤 일을 맡겼느냐에 따라 조직이 흥하기도 망하기도 하기 때문이다.

당 태종을 명군으로 만든 재상 중 방현령(房玄齡)이 있다. 인재 관리에 관한 한 그는 최고의 고수였다. 그는 사람을 쓰되, 최대한 단점을 억제하고 장점을 발휘하게 했다. 적당한 인재를 찾지 못하면 일시적으로 자리를 비워둘지언정, 아무나 데려다 쓰지 않았다. 예컨대, 조정의 재정과 지출을 관장하는 자리가 오랫동안 비어있었지만, 그 자리가 천하의 이해관계와 민심에 직결되는 중요한 자리인 만큼 함부로 등용하지 않았다. 권력을 부여하는 일에서만큼은 절대로 경솔할 수 없다는 것이 그의 인재 관리 비결이었던 셈이다.

인재를 선발할 때는 그가 무엇을 할 수 있는 사람인지부터 살펴야 한다. 그릇이 작은 사람에게 큰일을 맡기면 아무리 노력해도 성과를 낼 수 없듯, 그릇이 큰 사람에게 작은 일을 맡기면 곧 의욕을 잃기에 십상이다. 따라서 작은 그릇이 필요한 곳에 큰 그릇을 가져다 써서는 안 되며, 큰 그릇이 필요한 곳에 작은 그릇을 써서도 안 된다.

사람은 저마다 '능력의 차이'가 있다. 또한, 똑같은 능력을 지니고 있다고 해도 이미 한계에 도달한 사람이 있는가 하면, 더욱 발전할 수 있는 사람도 있다. 이는 각자 그릇의 크기가 다르기 때문이다. 작은 그릇을 가진 사람은 조금 채우고 나면 아무리 더 담고 싶어도 더 담을 수 없지만, 큰 그릇을 가진 사람은 담는 대로 모두 받아들여 큰 역량을 발휘할 수 있다. 따라서 무작정 채우기에 앞서 자신의 그릇 크기를 알아야 한다.

리더는 사람을 통해서 일한다. 즉, 리더의 역할은 자리에 적합한 능력을 지닌 사람을 발탁해서 적재적소에 활용하는 것이다. 그런 점에서 볼 때, 리더가 능력이 얼마나 뛰어난지 알려면 어떤 사람을 등용해서 어떻게 활용하는지를 보면 된다. 그 자신이 아무리 능력이 뛰어나다고 해도 인재를 알아보지 못하고, 제대로 활용하지 못하면 그 능력이 절대 뛰어나다고 할 수 없기 때문이다. 하지만 옥석을 가려낸다는 게 말처럼 쉬운 일은 아니다. 한 가지 잣대만으로 평가할 수도 없다. 장점이 있으면 단점이 반드시 있기 때문이다. 따라서 옥석을 가려내려면 인재에 대한 다각적이고 입체적인 평가와 분석이 필요하다.

지상담병(紙上談兵),
백면서생의 최후

지상담병(紙上談兵) _ '종이 위에서만 병법을 말한다'라는 뜻으로 실제 일에는 밝지 못하면서 탁상 공론만 일삼는 것을 비유하는 말.

당양(當陽)에서 조조에게 크게 패한 유비를 구한 장비의 장판교(長坂橋) 전투. 이때 장비는 20여 명밖에 되지 않는 기병의 말꼬리에 나뭇가지를 묶고 달리게 해서 먼지를 일으키게 한 후 홀로 조조의 군대에 맞섰다. 하지만 숲에서 일어나는 먼지를 본 조조의 군대는 복병이 있는 것으로 오해하고, 제대로 된 공격 한 번 하지 못한 채 오히려 도망치고 말았다. 장비의 기지가 빛을 발휘한 순간이었다. 이로써 유비는 구사일생할 수 있었고, 조조는 천하통일의 꿈을 꺾게 된다.

'꽃이 없는 나무 위에 꽃이 핀 것처럼 보이게 한다'라는 '수상개화(樹上開花)'는 능력을 다양한 방법으로 드러내는 계략이다. 분명한 것은 그 핵심은 꽃이 아닌 나무라는 점이다. 하지만 많은 사람이 나무가 아닌 꽃을 주인공으로 착각한다. 눈에 띄고, 화려함에 이끌려 오해하는 것이다. 사물의 순서나 위치 또는 이치가 거꾸로 되는 것, 즉 '본말전도(本末顚倒)'되는 셈이다. 수상개화는 이런 사람의 심리를 이용한 것이다.

많은 사람이 본질과 형상을 구분하지 못한 채 겉모습에 속아 넘어가곤 한다. 속았다고 생각했을 때는 이미 늦다. 속지 않으려면 겉모습이 아닌 내면을 들여다보는 안목을 길러야 한다. 또한, 어설픈 치장은 나의 가치를 오히려 떨어뜨린다는 사실 역시 명심해야 한다.

《사기》〈중니제자열전(仲尼弟子列傳)〉에 공자가 사람을 잘못 알아봐서 크게 실수한 얘기가 나온다.

공자에게 담대자우(澹臺子羽)와 재여(宰予)라는 제자가 있었다. 담대자우는 외모가 흉했지만, 재여는 언변이 고상하고 외모 또한 잘 생겼다. 공자는 담대자우보다 재여를 높이 평가했다. 그러나 시간이 지날수록 담대자우가 덕을 지녔음을 알게 되었다. 재여는 말은 번지르르하게 했지만, 행동이 뒤따르지 않았다. 해가 중천에 뜰 때까지 늦잠을 자서 공자의 노여움을 사기도 했다. 이에 공자는 외모만 보고 사람을 평가한 자신을 꾸짖으면서 이렇게 말했다.

"용모만 보고 사람을 선택하면 담대자우를 잃을 것이요, 말씨만 보고 사람을 선택하면 재여를 잃을 것이다."

훗날 한비자(韓非子)는 공자의 그 말을 인용하며 사람 쓰는 것의 어려움에 대해 이렇게 말한 바 있다.

"공자처럼 지혜로운 사람도 그런 실수를 하는데, 하물며 그보다 못한 군주들의 안목으로는 결과가 뻔하다. 겉만 보고 사람을 쓰면 어찌 실패하지 않겠는가."

_《사기》〈중니제자열전(仲尼弟子列傳)〉 중에서

이 이야기는 잘 생긴 외모나 번지르르한 말보다는 내실이 훨씬 중요하다는 것을 말해준다.

인재를 뽑을 때 역시 마땅히 그래야만 한다. 말만 앞세우는 사람보다는 행동을 통해 확실한 성과를 보여주는 사람을 우선시해야 한다. 경험이 전혀 없는 사람이 자리만 차지한 채 말만 앞세우면 업무 효율성은 물론 조직의 사기 역시 크게 떨어지기 때문이다. 그것은 조직이 병들고 무너지는 지름길이다.

조나라 혜문왕(惠文王)이 죽고, 효성왕(孝成王) 즉위 7년 후 진나라와 조나라 군대가 장평(長平, 지금의 산시성 구베이 북쪽)에서 마주했다. 당시 조나라 명장 조사(趙奢)는 이미 세상을 떠난 뒤였고, 지혜와 용기를 겸비한 충신 인상여(藺相如) 역시 병세가 깊어 위독했다. 효성왕은 염파(廉頗)를 장군으로 삼아 진나라 군대를 막게 했지만, 연이어 패하고 말았다. 그때부터 염파는 성문을 굳게 걸어 닫은 채 수비에만 열중했다. 진나라 군대를 초조하게 만들어서 사기를 꺾으려는 작전으로 수많은 경험에서 나온 것이었다. 그런 대치 상태가 무려 3년 동안 계속되었다. 그러자 초조해진 진나라는 이간책을 쓰기로 하고 헛소문을 퍼뜨렸다.

"진나라가 두려워하는 것은 오직 조사의 아들 조괄(趙括)뿐이다."

이 소문을 들은 효성왕은 즉시 염파를 해임하고 조괄을 장군으로 삼으려고 했다. 효성왕 역시 싸우지 않고 피하기만 하는 염파가 탐탁하지 않던 참이었다.

병석에서 이 소식을 전해 들은 인상여는 급히 효성왕에게 상소를 올렸다.

"조괄의 명성만 듣고 그를 기용하는 것은 마치 거문고 줄을 풀로 붙여 거문고를 연주하는 것과 같습니다. 조괄은 그의 아버지가 남긴 병법을 겨우 외웠을 뿐 임기응변도 모릅니다."

하지만 효성왕은 그 말을 듣지 않고 기어이 조괄을 장군으로 삼고 말았다.

조괄은 어린 시절부터 수많은 병서를 봐 왔기에 스스로 뛰어난 장수라고 생각했다. 하지만 그건 착각이었다. 그의 아버지 조사조차도 그것을 인정하지 않았다. 언젠가 그의 아내가 그 이유를 묻자 이렇게 말했다.

"전쟁이란 목숨을 걸고 하는 것이오. 그만큼 신중해야 하는데, 괄은 전쟁을 너무도 쉽게 생각하오. 만일 괄을 장군으로 삼는다면 크게 후회할 것이오."

병법을 책으로만 배운 아들을 걱정하는 말이었다. 조괄의 어머니는 남편의 그 말을 계속 마음에 담아두었다. 그러던 중 염파 장군의 후임으로 아들이 부임한다는 소식을 듣고는 효성왕에게 급히 상소를 올렸다.

"제발, 제 아들을 장군으로 삼지 마십시오. 제 남편 조사와 제 아들 조괄은 부자지간이지만, 사람됨이 전혀 다릅니다. 제 남편은 음식을 나눠 먹는 친한 벗이 수십여 명에, 벗으로 사귀는 사람도 수백여 명이나 되며, 나라에서 받은 상금은 모두 군사에게 나눠주고, 전쟁에 나갈 때는 집안일을 절대 묻지 않았습니다. 하지만 아들은 장군으로 임명되자마자 동쪽을 향해 앉아 조회를 받고(황제는 남쪽으로 앉아 신하들의 알현을 받고, 공후장상은 동쪽을 존귀함의 표시로 삼았다. 그만큼 거만함을 뜻함), 나라에서 받은 상금 역시 몰래 감춰두고 땅과 집을 사들일 뿐입니다. 아들은 제 아비에 이르지 못합니다. 부디, 제 아들 괄을 장군으로 삼지 마십시오."

하지만 효성왕은 이미 결정된 일이라며, 그 부탁을 거절했다. 그러자 조괄의 어머니는 다시 한번 왕에게 상소를 올린다.

"기어이 아들을 장군으로 삼으시겠다면, 아들이 책임을 다하지 못해도 소첩을 연좌제로 벌하지 마십시오."

효성왕은 그 부탁을 받아들였다.

장군에 임명된 조괄은 군령을 즉시 바꾸고, 장수들을 하나도 빠짐없이 전부 교체했다. 작전 역시 수비 위주에서 공격 체제로 변경했다. 이 소식을 들은 진나라 장군 백기(白起)는 크게 기뻐하며 기습한 후 패해서 후퇴하는 척했다. 그러고는 결정적인 순간, 조나라 군대를 둘로 갈라 보급로를 끊어버렸다. 이를 안 조나라 군대는 크게 동요했고, 다급해진 조괄은 성문을 굳게 닫은 채 46일 동안 대치했다. 하지만 그게 전부였다. 보급로가 끊긴 탓에 식량이 곧 바닥났을뿐더러 마실 물조차 없었다. 그 결과, 군사들끼리 서로 잡아먹는 아비규환의 상황에 이르고 말았다. 이에 더는 기다릴 수 없었던 조괄은 정예 부대를 끌고 나가 직접 싸웠지만, 진나라 군사가 쏜 화살에 맞아 그만 죽고 말았다. 그렇게 해서 조나라는 참패했고, 40만여 명이 넘는 군사가 항복했다. 백기는 항복한 군사들을 모두 생매장하고, 어린 군사 몇백 명만 겨우 살려 보냈다.

_《사기》〈염파인상여열전(廉頗藺相如列傳)〉 중에서

병법에 나온 대로 따라만 할 줄 알았던 조괄은 실전 경험이라고는 전혀 없는 백면서생에 불과했다. 그는 이론에만 능할 뿐 실전은 전혀 알지 못했다. 여기서 나온 말이 '종이 위에서 군사전략을 논한다'라는 '지상담병(紙上談兵)'으로 실현 가능성이 없는 헛된 이론이나 사물을 뜻할 때 쓰는 말이다.

많은 사람이 산전수전 다 겪은 염파의 경륜보다는 경험은 없지만 화끈한 조괄의 용맹함을 더 좋아한다. 그것이 일을 꼬이게 하는 문제의 시작이다.

어설픈 지식은 한 번의 경험보다 못한 법이다. 중요한 것은 화려하고 달콤한 말이 아니라 제대로 된 해결책과 문제를 해결하는 실력이다. 그것은 대부분 경험에서 나온다. 경륜 있는 사람은 지식을 훨씬 유용하게 사용할 수 있지만, 경험 없는 사람의 지식이 빛을 발하려면 많은 시간과 노력이 필요하다. 초보자의 좌충우돌이 그 방증이다. 문제는 그것이 개인적인 문제로 끝나면 그나마 다행이지만, 조직이나 국가적인 일이라면 훨씬 큰 손해를 감수해야 한다는 것이다. 묻는 문제마다 척척 답했던 아들을 조사가 끝내 인정하지 않은 이유 역시 바로 그 때문이었다.

▶▶▶ 공자의 사람을 보는 기준

많은 사람이 '인재 제일'이니, '인사가 만사'라고 외친다. 오죽하면 '인재를 얻으면 천하를 얻은 것이나 마찬가지'라고 할까. 그만큼 인재를 얻는 일은 중요하다. 문제는 어떻게 인재를 찾고, 활용해야 하는지 잘 모른다는 것이다.

사람을 알아보는 것만큼 힘든 일은 없다. 공자 역시 사람 마음은 험하기가 산천보다 거칠고, 알기는 하늘보다 더 어렵다고 말했다.

"자연은 춘하추동 사계절과 아침, 저녁의 구별이 있지만, 사람은 두꺼운 얼굴 속에 깊은 감정을 숨기고 있으니 구별하기가 매우 어렵다. 외모는 성실해 보이지만, 마음은 교만한 자가 있고, 뛰어난 재주를 지닌 듯하지만, 사실은 못난 자가 있다. 유순하면서도 사리에 통달한 자가 있고, 딱딱해 보이면서도 속은 부드러운 자가 있고, 느릿해 보이면서도 성급한 자가 있다."

공자는 사람의 됨됨이를 알려면 다음 아홉 가지를 살피라고 했다.

첫째, 충성하는지를 알고 싶다면 멀리 심부름을 시켜보라.

둘째, 공경하는지를 알고 싶다면 가까이에 두고 써보라.

셋째, 능력을 알고 싶다면 번거로운 일을 시켜보라.

넷째, 지혜를 알고 싶다면 갑자기 질문을 해보라.

다섯째, 신용을 알고 싶다면 급한 약속을 해보라.

여섯째, 얼마나 착한지 알고 싶다면 재물을 맡겨보라.

일곱째, 절의를 알고 싶다면 위급한 일을 얘기해보라.

여덟째, 절도를 알고 싶다면 술에 취하게 하라.

아홉째, 호색함을 알고 싶다면 남녀가 섞여 지내게 하라.

_《장자(莊子)》〈잡편(雜篇)〉 중에서

《논어》〈위정(爲政)〉 편에도 사람을 보는 세 가지 방법이 나온다. 이른바 '지인지감(知人之鑑)'이다.

첫째, 시기소이(視其所以). 겉으로 드러나는 말과 행동을 잘 살펴야 한다. 말과 행동을 잘 보고, 그렇게 하는 까닭이나 이유를 알면 그가 어떤 사람인지 알 수 있다는 것이다.

둘째, 관기소유(觀其所由). 어떤 말과 행동을 했을 때 무엇 때문에 그렇게 하는지를 살펴야 한다. 여기에는 남의 말을 함부로 듣지 말라는 뜻 역시 포함되어 있다.

셋째, 찰기소안(察其所安). 말과 행동의 원인을 알았다면 그것이 마음에서 진정으로 우러나서 한 것인지를 살펴야 한다. 즉, 품성과 사람됨됨이를 살펴야 한다.

사람을 볼 때는 '시(視)'가 아닌 '관(觀)'과 '찰(察)'의 관점으로 살펴야 한다. '시(視)'가 단순히 눈에 보이는 것만 보는 것이라면, '관(觀)'은 저울의 눈금을 살피듯 세세하게 살피는 것이며, '찰(察)'은 본질까지 꿰뚫어 보는 것을 말한다. 그 때문에 사람을 속속들이 알려면 눈에 보이지 않는 세세한 부분까지 살피고 깊이 헤아려야만 한다.

인재 관리가 성공의 관건이라면, 인재 식별은 인재 활용법의 기초라고 할 수 있다. 인재를 식별하는 능력 없이는 제대로 된 인재를 뽑을 수 없을 뿐만 아니라 나라와 조직을 유지할 수 없기 때문이다. 역사 속에 명멸해 간 수많은 나라와 지금도 여전히 반복되는 수많은 조직의 실패가 그것을 방증한다.

기화가거(奇貨可居),
절대 놓쳐서는 안 되는 인재

기화가거(奇貨可居) __ '진기한 물건은 잘 간직하여 나중에 이익을 남기고 판다'라는 뜻으로 좋은 기회를 놓치지 말아야 한다는 말.

여불위(呂不韋)라는 사람이 있었다. 그는 한나라 양책(陽翟, 지금의 허난성)의 상인으로 장사 수완이 좋아 천금의 재산을 모은 인물이다. 견문이 넓고, 지혜가 뛰어났던 그는 승부를 즐길 줄 아는 진정한 승부사이기도 했다.

진 소왕 42년, 안국군(安國君)이 태자가 되었다. 당시 안국군에게는 스무 명의 아들이 있었는데, 영이인(嬴異人) 역시 그중 한 명이었다. 그는 첩 하희(夏姬)의 아들로 조나라에 인질로 와 있었다. 하지만 그의 어머니가 안국군의 총애를 잃은 탓에 고국인 진나라에서도 소외당하고 조나라에서도 미움받고 있었다. 그러던 중 그는 여불위와 운명적인 만남을 갖는다.

영이인을 본 여불위는 순간, '이것은 기화(奇貨)다. 사둘 만한 가치가 있다'라고 생각했다. 기화란 말할 것도 없이 진귀한 상품으로 '우연히 얻게 된 진귀한 물건'을 뜻했다.

여불위가 영이인을 향해 말했다.

"이제부터 제가 공자의 문을 크게 해드릴 테니, 모든 것을 제게 맡겨주십시오."

"그 뜻은 고맙지만, 먼저 당신의 문부터 크게 한 후 내 문을 크게 해주시오."

영이인이 여불위의 제안을 거절하며 말했다.

"나의 문은 공자의 문이 커지면 저절로 커지게 되어있습니다."

그제야 여불위의 뜻을 알게 된 영이인은 함께 방으로 들어가 밀담을 주고받았다.

여불위가 말했다.

"진 소왕은 너무 늙었기에 곧 공자의 아버지인 안국군이 왕위를 이을 것입니다. 그러면 당연히 후사를 정해야 할 텐데, 안국군과 정실부인인 화양부인 사이에는 아들이 없습니다."

"그렇습니다. 무슨 수가 없겠습니까?"

"태자의 후계를 정하는 데 있어, 화양부인의 힘이 크게 작용할 것입니다. 공자는 스무 명의 아들 중 중간에 해당하며, 오랫동안 외국에 인질로 붙잡혀 있기에 다른 형제들보다 매우 불리한 처지입니다. 하지만 제 재산을 모두 바쳐서라도 공자를 후계자로 만들어 드리겠습니다."

"그렇게만 된다면 진나라의 절반을 드리겠습니다."

"저만 믿으십시오."

얼마 후 여불위는 전 재산 중 5백 금을 교제비로 쓰라고 영이인에게 준 후 나머지 5백 금으로 진귀한 물건을 사서 진나라에 들어가 화양부인의 언니 홍나부인을 만났다. 두 사람은 장사 때문에 이미 몇 번 만난 적이 있었다. 영이인을 기화라고 생각한 것도 이를 잘 이용하면 승산이 있다고 여겼기 때문이다.

여불위가 선물로 가져온 물건을 건네며 말했다.

"지금 조나라에 인질로 가 있는 영이인의 명성이 갈수록 높아지고 있습니다. 그런데 공자는 말끝마다 '화양부인을 하늘처럼 존경한다'라고 하더군요."

그 말에 그녀는 크게 기뻐했다. 여불위는 그 틈을 놓치지 않고 그녀를 시켜서 화양부인을 설득하게 했다.

"옛말에 '색으로 남을 섬기는 사람은 색이 쇠하면 사랑도 잃게 된다'라고 했습니다. 지금 당신은 태자의 사랑을 한 몸에 받고 있지만, 애석하게도 후사가 없습니다. 그러니 총명하고 효심이 두터운 이를 골라 양자 삼고, 그를 태자의 후계로 정해야 합니다. 그래야만 태자에게 만일의 일이 생기더라도 권세를 잃지 않을 수 있습니다. 젊을 때 발판을 튼튼히 해둬야 합니다. 색향(色香)이 쇠하고, 총애를 잃은 뒤에는 이미 늦습니다. 영이인은 총명한 사람입니다. 그는 형제들의 순서로 봐도 그렇고, 생모의 순위로 보더라도 자신이 후계자가 되리라고는 전혀 생각하지 않기에 그를 후계자로 정하면 평생 편안하게 살 수 있습니다."

얼마 후 언니로부터 이 말을 전해 들은 화양부인은 크게 기뻐했다. 그리고 한가한 틈을 타 안국군을 찾아가 눈물을 흘리며 말했다.

"저는 전하의 사랑을 한 몸에 받고 있지만, 아들이 없습니다. 바라건대, 영이인을 후계자로 정해서 저의 장래를 맡길 수 있도록 해주십시오."

결국, 안국군은 옥에 부절(符節, 돌이나 대나무, 옥 따위로 만든 물건에 글자를 새겨 다른 사람과 나눠 가졌다가 나중에 다시 맞추어 증거로 삼는 물건)을 새겨 영이인을 후계자로 삼겠다고 약속했다. 그 후 후한 예물을 갖추어 영이인에게 보내기로 하고, 여불위에게 그것을 전하게 했다. 그때부터 영이인의 이름은 자초가 되었다. 자초(子楚)란 초나라 출신인 화양부인의 아들이란 뜻이었다.

한편, 당시 여불위는 미모가 뛰어난 무희를 첩으로 거느리고 있었는데, 어느 날 자초가 그녀를 보고 한눈에 반해 자신에게 달라고 했다. 여불위는 당황했다. 그도 그럴 것이 그녀는 이미 자신의 아이를 잉태하고 있었기 때문이다. 하지만 그의 부탁을 거절하면 지금까지 공들인 일이 모두 물거품이 될 수 있었기에 결국 그녀를 자초에게 보내기로 했다.

그녀를 보내는 날, 여불위가 자초를 향해 말했다.

"장차 이 여인이 금란(金卵)을 낳아줄 것입니다."

그렇게 해서 그녀는 임신 사실을 숨긴 채 자초의 여인이 되었고, 달이 차자 아이를 낳았다. 그 아이가 바로 6국을 멸망시키고 천하를 통일한 시황제(始皇帝)였다.

_《사기》〈여불위전(呂不韋傳)〉 중에서

항우를 제압하고 천하 통일의 대업을 이룬 한 고조 유방은 세가 불리하면 무조건 줄행랑부터 쳤던 유약한 사람이었다. 하지만 장량, 소하, 한신 같은 인재를 얻어 천하의 주인이 되었다. '정관의 치'로 추앙받는 당 태종 이세민 역시 마찬가지다. 그는 자신을 죽이려고 했던 위징을 중용하고 그의 간언에 귀 기울였다. 두 사람은 비록 많은 공과를 갖고 있지만, 인재를 알아보는 안목만큼은 누구보다도 뛰어났다.

애공(哀公)이 공자에게 사람을 취하여 쓰는 법에 관해 물은 적이 있다.

애공이 스승 공자를 향해 물었다.

"스승님, 절대로 취해서는 안 되는 사람은 누구입니까?"

"말만 번지르르하게 잘하는 사람은 절대 써서는 안 된다. 그런 사람은 탐하는 것이 많기 때문이다. 경솔해서 망언을 자주 하는 사람 역시 마찬가지다. 그런 사람은 수많은 혼란을 일으킬 수 있으니 조심해야 한다. 말이 많은 사람 역시 쓰는 것을 삼가야 한다. 말이 많은 사람은 황당한 짓을 하기 쉽다. 활(弓)이란 조정이 잘 된 다음에야 힘이 강하기를 바랄 수 있고, 말(馬)이란 부려본 다음에 잘 달리기를 바라야 하며, 선비란 반드시 성실한 뒤에 슬기롭고 재능이 있는 자를 구해야 한다. 만일 성실하지도 못하면서 재능만 많은 사람은 승냥이나 이리와 같기에 절대 가까이해서는 안 된다."

__《공자가어(孔子家語)》중에서

▶▶▶ **승부사 여불위의 뛰어난 안목**

여불위의 예상대로 자초는 태자가 된 것은 물론 안국군의 뒤를 이어 진나라 왕이 되었다. 진 장양왕(莊襄王)이 바로 그다. 장양왕이 된 자초는 여불위를 승상(丞相)에 임명하고, 문신후(文信侯)에 봉해 낙양 10만 호를 식읍으로 주었다. 이것만으로도 투자금을 회수하고도 남았지만, 그의 권력은 장양왕이 죽은 후에도 계속되었다. 자초의 아들 정(政, 훗날의 진시황) 역시 그를 깍듯이 예우했기 때문이다. 심지어 정은 그를 상국(相國)으로 직함을 높이고, 아버지처럼 예우한다는 뜻에서 '중부(仲父)'로 부르기도 했다.

이쯤 되면 여불위의 안목에 새삼 놀라지 않을 수 없다. 하지만 모든 사람이 여불위처럼 안목이 뛰어날 수는 없다. 그렇다면 '기화'를 보는 특별

한비결은 없을까.

춘추전국시대 한비자만큼 인간의 속성을 제대로 파악한 사상가는 없다. 그에 의하면, 자신보다 뛰어난 인재를 품어야만 성공할 수 있다고 했다. 실제로 자신과 다른 유형의 인재를 알아본 군주는 역사적으로 크게 성공했지만, 측근만 가까이했던 군주는 불행한 삶을 살아야만 했다. 바로 거기에 '기화'를 찾는 핵심이 있다. 다른 내가 가지고 있지 않은 장점이 있는 사람이야말로 기화다. 그런 사람을 통해 단점을 보완하고 성공을 꾀해야 한다.

선시어외(先始於隗),
인재가 없는 이유

선시어외(先始於隗) __ '곽외(郭隗)부터 먼저 시작하라'라는 뜻으로 가까이 있는 사람부터 시작하라는 말.

　백락일고(伯樂一顧). '재능 있는 사람도 그것을 알아주는 사람을 만나야만 빛을 발할 수 있다'라는 말이다.

　주(周)나라에 백락(伯樂)이라는 최고의 말 감정가가 있었다. 어느 날, 마을 사람이 그를 찾아와서 이렇게 부탁했다.

　"제게 훌륭한 말 한 마리가 있습니다. 그런데 팔려고 시장에 내놓았지만, 사흘이 지나도록 사려는 사람이 없습니다. 사례는 충분히 할 테니 감정을 해주십시오."

　이에 백락이 말을 자세히 살펴봤는데, 생각했던 것보다 훨씬 뛰어났기에 감탄하는 표정을 짓고, 떠나면서도 아쉽다는 듯이 다시 한번 돌아보았다. 그러자 그 말을 거들떠보지도 않던 사람들이 앞다투어 몰려들어 말값은 순식간에 열 배로 뛰어올랐다.

제아무리 천리마라도 이를 알아보지 못하면 아무 소용이 없다. 천리마를 알아보지 못하는 사람에게는 천리마 역시 보통 말에 지나지 않기 때문이다. 이는 아무리 능력이 출중한 인재라도 그것을 알아주는 리더를 만나지 못하면 평생 묻혀 지낼 수밖에 없는 것과 같다. 천리마도 백락을 만나야 그 이름을 세상에 알릴 수 있듯, 인재 역시 그것을 알아보는 리더를 만나야만 빛을 발할 수 있다.

제나라의 공격으로 연나라의 국력이 크게 움츠러들었을 때의 일이다. 풍전등화의 위기는 인재의 필요성에 대해 절감하게 했다. 이에 연 소왕(昭王)은 월나라 왕 구천(句踐)이 그랬던 것처럼 자신을 낮춰 인재를 구하고자, 사람이 죽으면 일일이 찾아가서 위로하며 희로애락을 함께 나눴다.

곽외(郭隗)라는 사람이 어질다는 소문을 들은 연 소왕이 그를 찾았다.

"제나라의 침략으로 나라 꼴이 말이 아니오. 짐이 나라를 다시 일으켜서 이 치욕을 씻고자 하는데, 그러자면 많은 인재가 필요하오. 어떻게 하면 인재를 모을 수 있겠소?"

"제업(帝業)을 이루려는 임금은 훌륭한 스승을 모시고, 왕업(王業)을 이루려는 군자는 현자와 친구가 되며, 패업(霸業)을 이루려는 임금은 어진 신하를 거느려야 합니다. 지휘만 한다면 하인 같은 사람밖에 찾을 수 없고, 화내면서 호통치면 노예 같은 사람밖에 찾을 수 없습니다."

"그러면 어떻게 해야겠소?"

"옛날에 천리마를 사려던 왕이 있었습니다. 그러나 3년이 지나도록 그것을 구하지 못하자, 궁중의 한 노복이 천리마를 구해오겠다며 지원했습니다. 왕은 흔쾌히 허락하고 그에게 일천 금을 주어 천리마를 구해오게 했습니다. 하지만 석 달 후, 그가 가져온 것은 천리마의 뼈였습니다. 이를 본 왕은 크게 화를 내며 그를 다그쳤습니다. 그러자 그가 말하기를 '죽은 말의 뼈를 큰돈 주고 샀으니, 그 소문이 이미 퍼졌을 것입니다. 이제 기다리기만 하면 천리마를 얻을 수 있을 것입니다'라고 했습니다. 과연 그의 말대로 얼마 되지 않아 세 필의 천리마를 얻을 수 있었습니다. 바라건대, 인재를 구하시려면 저부터 쓰십시오. 그러면 저보다 훨씬 뛰어난 인재들이 찾아올 것입니다."

소왕은 곧 곽외를 스승으로 삼고, 황금대(黃金臺)라는 궁전을 지어 머물게 했다. 그러자 합종책으로 유명한 주나라의 소진을 비롯해 군사 전략가인 위나라의 악의(樂毅), 음양오행에 해박한 제나라의 추연(趨衍), 뛰어난 정치술을 자랑했던 초나라의 굴경(劇辛) 등의 인재가 연나라로 속속 몰려왔다. 그리고 이들의 힘과 지혜를 빌린 소왕은 마침내 제나라를 공략해 숙원을 풀었다.

__《전국책(戰國策)》〈연책(燕策)〉 중에서

선시어외(先始於隗). 먼저 '외(隗)부터 시작한다'라는 뜻으로 '가까이 있는 사람이나 말을 먼저 꺼낸 사람부터 시작하라'라는 말이다. '인재를 어떻게 예우하는가에 따라서 전혀 다른 상황을 초래할 수 있다'라는 말이기도 하다. 여기서 '외'는 곽외를 말한다. 하지만 인재는 어디에나 있건만, 그것을 알아보는 리더는 극소수에 불과하다.

송나라 황제 신종(神宗)은 요나라와 서하의 빈번한 침략 속에 왕안석을 중심으로 한 신법당(新法黨, 새로 제정한 법을 통해 부국강병 정책을 추진하려던 당파)을 중용해 부국강병과 대대적인 개혁을 추진했지만, 번번이 실패하고 말았다. 그러자 신종은 크게 탄식하며 이렇게 말했다.

"천하에 인재가 없다."

이에 대해 서애 류성룡(柳成龍)은 인재가 없는 것이 아니라 신종이 인재를 보는 안목이 부족했음을 지적하며 다음과 같이 말했다.

"임금은 늘 신하 중에 쓸 만한 인재가 없는 것을 근심하고, 신하는 늘 임금이 인재를 충분하게 등용하지 못하는 것을 근심한다. 그 때문에 군신이 서로 뜻이 잘 맞는 것은 옛날부터 어려웠고, 나라를 잘 다스리는 성대함은 볼 수 없게 되었으니, 어찌 슬프지 않겠는가?"

▶▶▶ 천리마도 알아보지 못하면 아무 소용없다

당나라의 대문장가 한유(韓愈)는 어느 시대에나 천리마는 있지만, 그를 알아보는 백락이 없기에 천리마가 제 능력을 발휘하지 못한다고 했다. 많은 리더가 송나라 신종 같은 어리석음을 범하는 셈이다.

"벌가벌가 기칙불원(伐柯伐柯 其則不遠)."

《시경(詩經)》에 실린 '벌가(伐柯)'라는 시의 한 구절이다. 《중용(中庸)》에도 공자가 인용한 말로 나온다. 그 뜻은 다음과 같다.

'도낏자루를 자름이여, 도낏자루를 자름이여, 그 법이 멀리 있지 않구나.'

진리는 멀리 있는 것이 아니라 스스로 실천하는 가운데에 있음을 비유하는 말이다.

공자는 이를 빗대어 "도는 사람에게서 멀리 있는 것이 아닌데도, 사람이 도를 행할 때는 그것이 멀리 있는 것처럼 한다"라며 "그렇게 해서는 도를 절대 실천할 수 없다"라고 했다.

많은 사람이 도끼를 들고 도낏자루를 베러 가서도 무슨 어려운 일이나 하는 것처럼 이 나무 저 나무 물끄러미 바라보기만 한다. 자기 도낏자루에 맞추어 그만한 크기와 그만한 길이의 나무를 베면 그만인 것을 말이다.

뛰어난 인재가 있어도 이를 알아보지 못하는 무능한 군주와 권력자의 주변에는 간신배와 아첨꾼만 우글거리게 마련임을 역사는 말해주고 있다. 그런 점에서 볼 때 인재를 알아보는 리더가 있어야만 비로소 인재가 있는 법이다. 초야에 숨어 있던 제갈량 역시 유비 같은 안목이 뛰어난 군주가 있었기에 그 지혜를 발휘할 수 있었다.

많은 리더와 조직이 인재를 찾을 때 내부가 아닌 외부로 무조건 눈을 돌리곤 한다. 하지만 조직에 관해서 가장 잘 아는 사람은 내부에 있다. 조직의 문제점을 가장 잘 아는 것 역시 그들이다. 단지, 그들이 인재임을 모를 뿐이다. 따라서 내부에서 인재를 먼저 찾은 후 외부로 눈을 돌려야 한다. 그렇지 않고 무조건 외부 인재만 충원하면 조직의 사기는 엉망이 되고 만다.

PART 2

용 인,

用 人

사람을 쓸 줄 알아야 한다

용인(用人).

인재의 능력을 잘 헤아려서 적재적소에 기용하는 것이야말로 리더의 핵심 역할이다.
아무리 능력이 뛰어난 인재라도 리더가 제대로 활용하지 못하면 무용지물이다.

오불여(吾不如),
나는 당신만 못하다

오불여(吾不如) _ '나는 당신만 못하다'라는 뜻으로 인재를 적재적소에 기용했던 한 고조 유방의 용인술을 가리키는 말.

한 고조 유방과 명 태조 주원장(朱元璋)은 역대 중국 황제 중 가장 신분이 낮은 계층 출신이다. 하층 빈민 출신인 유방은 그 이름조차 분명치 않을 정도다. 즉위 후에야 '유방'이라는 이름을 사용했다. 하지만 그는 그 이름을 거의 사용하지 않았다. 그만큼 낯설었기 때문이다.

주원장은 떠돌이 농민의 아들로 태어났다. 하지만 누구도 그의 출생을 기뻐하지 않았다. 그의 부모는 영양실조로 얼굴이 누렇게 뜬 자식을 보며 눈물짓기 일쑤였고, 그가 태어나자 입이 하나 늘었다며 한숨을 쉬었다고 전한다.

출신 신분으로만 보면 두 사람은 황제는커녕 장수가 될 수도 없었다. 하지만 그것에 전혀 신경 쓰지 않고 남다른 리더십을 발휘해 천하를 제패했다.

한 고조 유방의 용인술을 말할 때 흔히 '오불여(吾不如)'라고 한다. 지나친 애주가요, 속이 좁고, 질투심이 많았던 고조는 자신의 약점에 대해 누구보다도 잘 알고 있었을 뿐만 아니라 그것이 천하를 제패하는 데 있어 불리하게 작용할 것임을 잘 알고 있었다. 이에 각 분야의 인재를 찾아서 자신의 약점을 철저히 보완했다.

항우와의 마지막 결전에서 승리한 유방이 황제 즉위 후 군신들과 연회를 베풀 때의 일이다.

군신들의 속마음이 궁금했던 고조가 물었다.

"보잘것없던 내가 천하를 얻을 수 있었던 비결은 무엇이며, 천하무적이었던 항 씨가 천하를 잃은 이유는 과연 무엇 때문이오?"

그러자 고기(高起)가 말했다.

"폐하는 오만하셔서 사람을 업신여기지만, 항 씨는 어질어서 사람을 사랑하기 때문입니다."

"그것뿐이오?"

그 말에 옆에 있던 왕릉(王陵)이 말했다.

"폐하는 사람을 부려 성과 땅을 공략하게 해 적이 항복하면 그것을 나눠주어 천하와 함께 이익을 함께 합니다. 하지만 항 씨는 어질고 유능한 자를 시기하고 질투해서 공을 세우면 해치고, 어질면 의심합니다. 싸워서 이겨도 그 사람의 공을 인정하지 않고, 땅을 얻어도 다른 사람에게 그 이익을 나눠주지 않습니다. 이것이 그가 천하를 잃은 까닭입니다.”

“공들은 하나만 알고 둘은 모르오. 군영의 장막 안에서 계책을 짜서 천 리 밖의 승리를 결정짓는 일은 내가 장량만 못하며(吾不如子房), 나라를 안정시키고, 백성을 위로하며, 군량을 공급하고, 운송로가 끊이지 않게 하는 일은 소하만 못하오(吾不如蕭何). 또한, 백만 대군을 통솔해서 싸우면 반드시 승리하고, 공격하면 반드시 점령하는 일에는 내가 한신만 못하오(吾不如韓信). 세 사람은 모두 호걸 중의 호걸이오. 내가 그들을 기용한 것, 바로 이것이 내가 천하를 얻은 비결이오. 항 씨에게도 범증(范增)이 있었지만, 그는 그마저 제대로 활용하지 못했소. 그것이 바로 그가 내게 패한 결정적인 이유요.”

_《정관정요》 중에서

알다시피, 한 고조는 항우와 비교해서 모든 면에서 절대 열세였다. 군사력은 물론 영지도 매우 좁았으며, 전투 능력에서도 역발산기개세(力拔山氣蓋世)의 용장인 항우와는 애초에 비교가 불가능했다. 하지만 천하를 차지한 것은 항우가 아닌 그였다. 그가 반전의 리더로 등장할 수 있었던 데는 소하, 한신, 장량 같은 인재들을 알아보고 적재적소에 기용했기 때문이다.

자고로 리더라면 한 고조와 같아야 한다. 자신만 뛰어나다고 해서 조직이 저절로 성장하고 발전하는 것은 아니다. 여러 분야의 인재를 발탁한 후 적재적소에 그들을 활용해야 한다. 이때 필요한 것이 바로 고조의 '오불여' 용인술이다.

─────────────

▶▶▶ **중국 황제들의 인사 필독서 《인물지》**

《인물지(人物志)》를 보면 사람을 알아보는 법에 관해 자세히 말하고 있다.

《인물지》는 조조(曹操)의 참모였던 유소(劉邵)가 쓴 것으로 중국 역대 황제 중 최고의 통치술을 인정받은 당 태종 이세민은 물론 명 태조 주원장, 중국 역사상 가장 위대한 황제로 꼽히는 청의 4대 황제 강희제(康熙帝) 등이 인사 교과서로 꼽은 책이다.

유소는 사람을 알려면 "사람의 자질을 살필 때는 가장 먼저 평담(平談, 고요하고 깨끗함)한 지를 보고, 그 후 총명한지를 살펴야 한다"라고 했다. '평담'이란 '인격의 균형과 조화'를 말한다. 즉, 사람이 인격적으로 얼마나 조화와 균형을 갖고 있느냐가 사람을 살피는 가장 중요한 기준이라는 것이다. 그 외에도 사람을 보는 법에 관해 다음과 같이 말하고 있다.

"주어진 상황이나 말에 대해 어떻게 반응하는지를 보고 그가 가진 뜻과 자질을 판단하는 한편, 감정의 미세한 움직임을 포착해서 군자인지 소인인지를 가려내야 한다. 예를 들면, 소인은 마음속으로 이루고자 하는 것을 도와주면 기뻐하고, 재능을 펼치지 못하고 뜻한 바를 이루지 못하면 원망한다. 이때 기뻐하고 원망하는 근거를 파악하면 그가 지향하는 바가 무엇인지 알 수 있다. 즉, 물질에 기뻐하고 원망하는 사람인지, 아니면 명예에 기뻐하고 원망하는 사람인지 구분할 수 있다."

인사를 어떻게 하느냐에 따라서 만사(萬事)가 되기도 하고, 망사(亡事)가 되기도 한다. 그 때문에 리더에게 있어 용인술만큼 중요한 능력은 없다. 수천 년 전부터 지금에 이르기까지, 사람을 쓸 줄 아는 자가 결국 천하를 얻었다는 것이 그 방증이다.

사람을 쓰는 데 있어 가장 중요한 것은 옥석을 구분하는 것이다. 그런 점에서 옥석을 가리지 못하는 리더는 현명한 리더라고 할 수 없다. 그런 사람일수록 항우처럼 무너지기에 십상이다.

굴신제천하(屈臣制天下), 낮출수록 높아진다

굴신제천하(屈臣制天下) __ '신하에게 허리를 굽힘으로써 천하를 다스린다'라는 뜻으로, 자신을 낮추고 아랫사람의 조언을 너그러이 받아들여 큰일을 이룬다는 말.

인재는 얻기도 어렵지만, 그 마음을 얻는 것은 더더욱 어렵다. 이는 예로부터 인재를 얻기 위해 끊임없이 애썼던 이들이 공통으로 말하는 진리이기도 하다.

대업을 이루려면 능력 있는 인재를 품을 수 있어야 한다. 그러자면 자신을 낮추지 않으면 안 된다. 오만하면 사람이 따르지 않기 때문이다.

유비는 관우, 장비와 의형제를 맺고, 한나라 왕실의 부흥을 위해 군사를 일으켰지만, 군을 통솔하고 계책을 세울 군사(軍師)가 없어서 조조와의 싸움에서 항상 패배를 면치 못했다. 고민 끝에 그는 스승 사마휘(司馬徽)를 찾아가 뛰어난 군사를 천거해달라고 했다. 그러자 사마휘는 이렇게 말했다.

"복룡(伏龍, '숨어 있는 용'이라는 뜻으로 세상에 잘 알려지지 않은 숨은 인재를 말함)이나 봉추(鳳雛, '봉황의 새끼'라는 뜻으로 지략이 뛰어난 사람을 말함) 중 한 사람만 택하게."

"복룡은 누구고, 봉추는 누구입니까?"

하지만 사마휘는 말끝을 흐릴 뿐, 더는 대답하지 않았다. 직접 찾으라는 뜻이었다.

그 후 제갈량(諸葛亮)이 복룡임을 안 유비는 그의 초가집을 두 번이나 찾아갔지만, 그를 만날 수 없었다. 하지만 포기하지 않고 다시 방문해 군사가 되어달라고 부탁했다. 결국, 그의 겸손함과 따뜻한 인품에 감동한 제갈량은 그의 제안을 받아들였다.

알다시피, 조조(曹操)와 유비는 상반된 리더십을 지니고 있었다.

조조는 유능하고, 지략이 뛰어났으며, 풍부한 식견을 가진 권모술수의 대가로 승승장구했다. 그에 반해 유비는 실패를 거듭했고, 그때마다 후원자를 찾아 의탁하는 후안무치한 모습을 보여줬다. 여포(呂布)에게 의지했는가 하면, 조조에게 붙었다가, 원술(袁術)과 원소(袁紹)의 품으로도 뛰어들었으며, 숙적인 손권(孫權)과 동맹을 맺기도 했다. 그런 데도 그가 뛰어난 장수들을 부하로 삼고, 그들의 존경을 받을 수 있었던 것은 따뜻한 인품 때문이었다. 예컨대, 제갈량을 군사로 삼기 위해 삼고초려(三顧草廬)의 예를 갖춘 데서 볼 수 있듯이, 그는 인재를 얻기 위해서라면 자신을 낮추는 것쯤은 절대 주저하지 않았다.

유비의 사람됨을 알 수 있는 일화가 하나 있다. 훗날 촉의 오호대장군(伍虎大將軍, 촉한의 다섯 명장인 관우, 장비, 마초, 황충, 조자룡)이 되어 큰 공을 세운 마초(馬超)와의 사이에 있었던 일이다.

귀족 출신인 마초는 장로(張魯)의 모함으로 인해 유비에게 투항했지만, 단 한 번도 그를 군주로 생각하지 않았다. 겉으로는 복종했지만, 마음은 여전히 적대시했기 때문이다. 이에 유비를 '현덕공(玄德公)'이라고 불러 관우와 장비를 화를 돋우곤 했다. 하지만 정작 당사자인 유비는 전혀 신경 쓰지 않았다. 오히려 민심이 자신에게 돌아오고 있다며 두 사람을 달래며, 끝까지 그를 예로써 대했다. 결국, 유비의 따뜻한 인품에 감동한 마초는 호칭을 바꾸고 유비를 군주로 섬겼다.

굴신제천하(屈臣制天下). '신하에게 허리를 굽힘으로써 천하를 다스린다'라는 뜻으로, 자기 뜻을 굽히고 아랫사람의 조언을 너그러이 받아들여 큰일을 이룬다는 말이다.

리더라면 인재를 구할 때 머리를 숙일 줄도 알아야 한다. 만일 유비가 주위 사람들의 말만 듣고 삼고초려 하지 않았다면 우리가 아는 《삼국지》는 없을 것이다.

《사기》〈위공자열전(魏公子列傳)〉에는 '공자'라는 말이 무려 140여 회나 언급된다. 여기서 말하는 공자는 위나라 신릉군(信陵君)이다. 위 소왕(昭王)의 아들인 그는 전국시대를 대표하는 네 명의 공자(제나라 맹상군 · 조나라 평원군 · 위나라 신릉군 · 초나라 춘신군) 중 한 사람으로 그 재능과 덕망이 그중 으뜸이었다.

위나라에 후생(侯生)이라는 선비가 있었다. 그는 일흔에 가까웠지만, 집이 가난해서 수도 대량(大梁)의 이문(夷門, 동문)을 지키는 문지기로 있었는데, 지혜와 덕이 높아 많은 사람에게 존경받았다. 그 소문을 들은 신릉군은 그를 빈객으로 삼기 위해 많은 재물을 보냈지만, 그는 한사코 사양하며 이렇게 말했다.

"몸을 닦고 행실을 깨끗이 한 지 수십여 년째입니다. 성문을 지키며 가난하게 산다는 이유만으로 공자의 재물을 함부로 받을 수는 없습니다."

그 말에 감동한 신릉군은 직접 수레를 몰고 그를 찾아갔다. 그러자 그 역시 더는 사양하지 않았다.

"시장 도살장에 친구가 사는데 그곳을 지나갔으면 합니다."

시장에 도착한 후생은 일부러 오랫동안 친구와 이야기를 나누며 신릉군의 안색을 살폈다. 그러자 이를 본 시장 사람들은 버릇없다며 오히려 후생을 욕했다. 신릉군의 안색이 끝까지 변하지 않는 것을 확인한 후생은 그제야 다시 수레에 올랐다. 얼마 후 집에 도착한 신릉군은 후생을 상석에 앉게 한 후 빈객을 차례대로 소개한 후 상객이 되어 달라고 했다. 그러자 후생은 이렇게 말했다.

"저는 오늘 공자를 위해서 힘을 다한 것으로 충분합니다. 늙고 병든 하찮은 몸인데도 친히 수레를 끌고 오셔서 예를 갖춰 저를 맞으셨고, 수레를 세워두고 친구와 오랜 시간 얘기를 했는데도 화를 내기는커녕 공손하기만 했습니다. 그걸 본 사람들은 저를 소인이라 하고, 공자를 덕행 있고 선비에게 몸을 낮추는 존귀한 분이라고 했습니다. 이 모두가 공자가 덕망 있기 때문입니다."

_《사기》〈위공자열전(魏公子列傳)〉중에서

사군(四君)은 전국시대 최대의 인재 공급처로, 수많은 인재가 그들 곁으로 모여들었다. 그들은 수천여 명의 식객을 거느리고 자신이나 나라가 위기에 처했을 때 그들을 활용해 난국을 해결함으로써 명성을 드높였다. 신릉군 역시 인재를 귀하게 대하고 현명하다는 소문이 널리 알려져 식객이 3천여 명이 넘었다. 제후들 역시 그의 현명함을 존경해 위나라를 공격하지 않았다고 한다.

사람이 찾아오기만을 기다렸던 세 사람과는 달리, 신릉군은 인재를 직접 찾아다녔다. 진나라와의 전쟁이 끝난 후 조나라에 머물 때도 노름꾼이었던 모공(毛公), 술장수였던 설공(薛公)을 직접 찾아가 자신의 사람으로 만들었다.

한 고조 유방은 그런 신릉군의 높은 인품을 본받고자 했다. 이에 그의 묘소에 다섯 채의 집을 짓고 묘지기를 상주하게 후 계절마다 제사를 지냈다.

사마천 역시 신릉군을 높이 평가했다.

"선비를 좋아한 사람들은 많지만, 오직 신릉군만이 신분이 낮은 사람들과도 사귀는 것을 부끄럽게 여기지 않았으며, 깊은 산과 계곡에 숨어

사는 이들을 찾아다녔다. 제후들 사이에서 그의 명성이 으뜸이었던 것은 바로 이 때문이다."

《맹자(孟子)》에 '마음을 쓰는 자는 사람을 다스리고, 힘을 쓰는 자는 남의 다스림을 받는다(勞心者治人 勞力者治於人)'라는 말이 있다. 자고로 리더는 덕이 있고, 자신을 낮출 줄 알아야 한다. 그래야만 존경받을 수 있고, 사람이 모인다. 덕과 겸손은 따뜻한 마음에서 나온다. 따뜻함과 강인함은 일맥상통한다.

▶▶▶ 사람을 품는 유비의 낮춤 리더십

득도다조(得道多助). 《맹자(孟子)》〈공손추(公孫丑)〉 하편에 나오는 말로 '도를 얻으면 도와주는 사람이 많다'라는 뜻이다. 여기서 말하는 도(道)란 '남에게 베풀기를 즐기며 덕을 쌓아 사람의 도리를 다하는 것'을 말한다. 이에 그 속뜻을 다시 풀어보면 '사람 마음을 얻으면 도와주는 사람이 많아진다'라는 뜻이다. 유비가 제갈량을 얻을 수 있었던 이유 역시 바로 거기에 있다.

세상에서 가장 강한 사람은 힘이 센 사람도, 지위가 높은 사람도 아니다. 큰 부자나, 학식이 높은 사람도 아니다. 세상에서 가장 강한 사람은 도와주는 사람이 많은 사람이다. 아무리 힘이 세고 지위가 높은 사람도 돕는 사람이 많은 사람을 이길 수는 없다. 많은 사람이 잘되기를 바라고, 쓰러지지 않기를 응원하는 사람은 어떤 일이 있어도 쉽게 무너지지 않기 때문이다.

리더십에는 네 가지 중요한 원칙이 있다.

첫째, 함께하는 사람을 잘 섬겨야 한다.
둘째, 마음을 다해 섬겨야 한다.
셋째, 사람들이 잘 따르도록 능력을 보여줘야 한다.
넷째, 사람들을 지배하거나 힘으로 억눌러서는 절대 안 된다.

이를 요약하면 '겸손' 혹은 '낮춤'이라고 할 수 있다.

유비는 자신을 낮춤으로써 뛰어난 부하들을 품을 수 있었다. 만일 그가 자신보다 스무 살이나 어릴 뿐만 아니라 초야에 묻혀 농사나 짓던 제갈량 앞에서 자존심만 내세웠다면 그의 마음을 절대 얻지 못했을 것이며, 그의 삶 역시 달라지지 않았을 것이다. 하지만 그는 원하는 것을 얻으려면 자존심쯤은 버려야 한다는 혜안을 갖고 있었다. 이것이 바로 유약하기 그지없었던 그가 조조를 이길 수 있었던 최고의 비결이자, 많은 리더가 그를 배우려는 이유다.

겸청즉명(兼聽則明),
두루 들어야 밝아진다

겸청즉명(兼聽則明) __ '두루 들으면 현명해진다'라는 뜻으로 여러 사람의 의견을 들으면 시비를 정확하게 판단할 수 있다는 말.

중국사를 보면 황금시대로 꼽히는 시기가 셋 있다. 비단길을 개척한 한 무제 시대와 '정관의 치'로 불리는 당 태종의 치세, 청나라의 전성기를 연 강희제(姜熙齊, 청나라의 제4대 황제로 청의 정치체제가 비로소 완성되었다)의 집권기가 바로 그것이다. 그중 가장 많이 언급하는 것이 당 태종의 '정관의 치'이다. 거리에 물건이 떨어져도 주워가는 사람이 없었을 뿐만 아니라 밤에 문을 잠그지 않아도 될 만큼 평화로운 시대였기 때문이다.

당 태종이 '정관의 치'라고 불리는 태평성대를 이룬 데는 결단력이 뛰어났던 두여회(杜如晦), 기획력이 빼어났던 방현령(房玄齡), 자신의 거울이라던 위징 같은 어진 신하가 있었기 때문이다. 특히 위징은 역사적인 교훈을 예로 들어가며 군주의 잘못된 생각과 판단이 얼마나 잘못된 결과를 만드는지 누누이 강조하며 직언을 불사했다. 그러다 보니 아무리 대범한 태종이라도 무슨 일을 결정할 때마다 위징을 떠올리곤 했다. 하지만 아무리 충언이라도 자꾸 들으면 짜증 나는 법. 태종 역시 울화가 치밀대로 치민 적이 있었다.

어느 날, 당 태종이 화가 잔뜩 난 채 내실로 들어오며 말했다.

"그 촌놈을 죽이든지 해야지…"

그러자 황후가 근심스러운 얼굴로 태종을 쳐다보며 말했다.

"무슨 일이 있으십니까?"

"위징이 조회 때마다 나를 욕보인단 말이오."

그 말에 황후가 조용히 물러가더니, 잠시 후 조복을 갈아입고 와서는 넙죽 절을 했다.

태종이 깜짝 놀라서 이유를 묻자, 황후는 이렇게 말했다.

"예로부터 '임금이 밝으면 신하가 곧다(君明臣直)'라고 했습니다. 위징이 곧은 것을 보니 폐하의 밝음이 드러나는지라 이를 경하드리는 것입니다."

황후의 깊은 뜻을 안 태종은 크게 기뻐하며 화를 풀었다.

_《정관정요》 중에서

당 태종에게 있어 위징은 나라는 물론 태종 자신을 살리는 인재였다.

위징의 간언은 그만큼 옳고 유익했다. 때로는 태종을 정면에서 비난하기도 했다. 이에 태종은 간혹 불같이 화를 내기도 했지만, 2백여 차례에 걸친 그의 간언을 대부분 받아들였다.

태종이 제위에 오른 지 얼마 되지 않던 어느 날, 태종이 위징을 향해 물었다.

"나라의 군주로서 어떻게 해야 일을 공정하게 처리하고 잘못을 범하지 않겠소? 또한, 일을 잘못 처리하는 원인은 무엇이오?"

그러자 위징이 다음과 같이 말했다.

"많은 사람의 의견을 들으면 자연스럽게 정확한 결론을 얻을 수 있습니다. 하지만 만약 한쪽 말만 듣고 그것을 믿는다면 일을 잘못하게 될 것입니다(兼聽則明 偏信則暗).

옛날에 요임금은 백성을 자주 찾아다니며 살폈기에 묘(苗)라는 나쁜 사람의 일을 알 수 있었고, 순임금은 눈과 귀가 밝았기에 공공(共工)이나 곤(鯀), 환두(讙兜) 등의 잘못된 행동을 알 수 있었습니다.

진나라는 조고의 말만 믿다가 멸망하게 되었고, 양나라 무제는 주이(硃異)만 믿다가 스스로 굴욕을 당했으며, 수 양제는 우세기(虞世基)만을 믿다가 팽성각(彭城閣)의 변을 초래하였습니다. 생각건대, 더 많은 의견을 듣는다면 이러한 재화(災禍)는 막을 수도, 피할 수도 있습니다.

명철하고 지혜로운 군주는 언로(言路)를 막지 않으며, 아래 사람들의 상황을 위 사람들에게 전하게 함으로써 정확한 결정을 합니다."

_《정관정요》 중에서

"군주가 관작(官爵, 관직과 작위)을 수여하는 데 있어 많은 사람의 의견을 듣지 않고 한 사람에게만 보고받으면 망한다."

《한비자》에 나오는 말이다. 《자치통감(資治通鑑)》에도 비슷한 말이 있다. 겸청즉명(兼聽則明). '두루 들으면 현명해진다'라는 뜻으로 '여러 사람의 얘기를 들어야만 시비를 명확히 가려낼 수 있다'라는 말이다.

리더는 귀를 항상 열고 있어야 한다. 다양한 생각을 들을 줄 알아야 하기 때문이다. 치우쳐 듣고, 듣고 싶은 얘기만 들으면 조직이 무너지는 것은 물론 자신 역시 어리석은 리더로 남고 만다.

▶▶▶ 사람을 거울로 삼아야 하는 이유

사마천은 《사기》 〈진시황본기〉에서 다음과 같이 말했다.

"지나간 일을 잊지 말고 훗날의 스승으로 삼아라(前事不忘, 後事之師)."

사마천은 후세의 왕들이 나라를 다스리는 데 있어 진나라의 망국 과정을 교훈 삼아 나라를 다스리기를 바라는 마음에서 이 글을 썼다. 똑같은 실수를 반복하지 않기를 바랐기 때문이다.

중국 전한 시대 유향(劉向)이 전국시대 전략가들의 책략을 편집한《전국책》에도 그와 비슷한 말이 나온다.

"거울을 거울로 삼으면 얼굴밖에 볼 수 없지만, 사람을 거울로 삼으면 길흉을 알 수 있다."

송나라의 재상 사마광(司君實)은 삼황오제(三皇伍帝, 중국 고대 전설에 나오는 삼황과 오제를 아울러 이르는 말)에서부터 당나라 말까지의 역사를 담은 책을 쓰면서《통사(通史)》라고 이름 지었다. 19년의 지난한 작업 끝에 354권에 이르는 책을 신종(神宗)에게 바치면서, 그는 표문(表文, 신하가 자기 생각을 임금에게 적어 올리는 글)에 이렇게 썼다.

"전대의 흥망성쇠를 거울로 삼으셔서, 오늘날에 득이 될지 손해가 될지 두루 살피시어, 잘한 것은 상을 내리시고 잘못한 것은 경계하시며, 옳은 것은 취하고 그른 것은 물리치시어, 옛 선왕들의 성덕을 충분히 참고하시고, 전대에는 없었던 치세를 이룩하시어, 천하의 만백성이 그 복을 누리게 하소서."

이를 본 신종은 정치에 크게 참고된다며 책의 서문을 쓰고, 이름도《자치통감(資治通鑑)》이라고 고쳐줬다. '다스림(資治)에 도움이 되고, 지난 왕조의 역사를 통해(通) 거울(鑑)이 되는 책'이라는 뜻이었다.

우리가 역사를 공부하는 이유는 단순히 과거의 사실을 확인하거나 암기하여 지식을 자랑하려는 것이 아니다. 역사적 증거를 통해 현재의 오류를 바로잡고, 필요한 것을 받아들이기 위함이다.

예로부터 성현들은 "나보다 못한 사람 없다"라며 모든 사람의 말과 행동을 거울로 삼았다. 그런데 지금 우리는 어떤가. 자신을 바꾸려고 하는 것이 아니라 자신의 처지에 맞게 남을 가르치고 바꾸려고만 한다. 그 이유는 과연 뭘까. 성현들이 강조했던 '거울(인생의 지표로 삼은 사람)'이 없기 때문이다.

누구나 '거울' 하나쯤은 갖고 있어야 한다. 그래야만 자신의 삶을 더욱 맑게 비추며 발전시킬 수 있다.

조직의 리더 역시 마찬가지다. 여러 사람의 말을 경청해서 그중 가장 좋은 것을 채택하여 조직을 올바른 방향으로 끌고 가야 한다. 그렇지 않고 한 사람의 말만 일방적으로 믿고 따르면 조직은 사분오열되고 만다.

도리불언 하자성혜(桃李不言 下自成蹊), 바르게 행하면 길이 저절로 생긴다

도리불언하자성혜(桃李不言下自成蹊) __ '복숭아나무와 오얏나무는 말하지 않아도 그 아래에 저절로 길이 생긴다'라는 뜻으로, 덕이 있는 사람은 잠자코 있어도 사람들이 그 덕을 사모해 그를 따른다는 말.

　　리더의 말과 행동이 바르면 굳이 명령하지 않아도 아랫사람들이 따르지만, 그렇지 않으면 명령해도 따르지 않는다. 그만큼 리더의 솔선수범은 중요하다.

　　《사기》〈이장군열전(李將軍列傳)〉에 '도리불언 하자성혜(桃李不言下自成蹊)'라는 말이 있다. '복숭아나무와 오얏나무는 말이 없지만, 그 아래로 저절로 길이 만들어진다'라는 뜻이다. 덕이 있는 사람은 가만히 있어도 사람들이 그 덕을 사모하고 따른다는 의미에서, 사마천이 명장 이광(李廣)을 평하면서 한 말이다.

　　사마천은 수많은 장수 중 이광을 최고의 리더로 꼽았다. 이에 《사기》〈이장군열전〉 곳곳에서 그의 인품을 칭찬했다.

'공자(孔子)'가 말씀하셨다.

"윗사람이 자신의 행동을 바르게 하여 모범을 보이면, 명령하지 않아도 아랫사람들은 윗사람을 따라 바르게 행동하지만, 윗사람이 자신의 행동을 바르게 하지 못하면, 윗사람이 비록 바르게 행동하라고 명령을 내린다고 해도 아랫사람들은 윗사람의 명령을 따르지 않는다."

이 말은 바로 이 장군을 두고 일컫는 말이다. 내가 보기에 이 장군은 시골 사람처럼 공손하고 수더분하며, 말 역시 잘하지 못했다. 하지만 그가 죽자, 그를 아는 사람이나 모르는 사람이나 모두 매우 애통해했다. 그는 충직하고 진실해서 모든 사람에게 존경받았다. 옛말에 '복숭아나무와 오얏나무는 아무 말도 하지 않지만, 그 과일의 맛이 좋으면 사람들이 자주 찾아와 그 나무 아래에 길이 저절로 생긴다'라고 했다. 이 말은 비록 짧지만 커다란 이치를 깨닫게 한다.

_《사기》〈이장군열전〉 중에서

상관은 방법을 알고만 있지만, 리더는 방법을 가르쳐 준다. 상관은 잘못을 꾸짖기만 하지만, 리더는 잘못을 바로잡아 준다. 또한, 상관은 부하를 부리려고만 하지만, 리더는 솔선수범한다. 그런 점에서 이광은 최고의 리더였다고 할 수 있다. 하지만 아이러니하게도 사마천은 이광의 손자 이능(李陵) 변호했다가 궁형에 처하는 아픔을 겪게 되었다.

춘추전국시대 왕이나 제후는 아무리 많은 군사와 재물을 소유했더라도 민심을 얻지 못하면 결국 자리에서 내려와야만 했다. 함께할 신하나 장수의 마음을 얻지 못하면 더는 종묘 사직을 이어나갈 수 없었기 때문이다.

《오자병법(吳子兵法)》으로 유명한 오기(吳起)는 위나라 문후의 참모로 문후를 '춘추오패' 반열에 올려놓은 명장이다. 그는 항상 병사들과 함께하며 고락을 나누었다. 언제나 병사와 똑같은 옷을 입고, 똑같은 음식을 먹었으며, 자신의 식량은 직접 갖고 다녔다. 잘 때도 자리를 깔지 않았으며, 행군할 때도 마차에 타지 않았다.

한 번은 병사 한 명이 종기가 나서 몹시 괴로워하자, 종기의 고름을 손수 입으로 빨아낸 적이 있다. 그런데 그 병사의 어머니 반응이 의외였다. 소식을 전해 들은 병사의 어머니는 통곡했다. 어떤 사람이 괴이하게 생각하며 그 이유를 묻자, 이렇게 말했다.

"장군이 일개 병사에 불과한 당신 아들의 고름을 입으로 손수 빨아줬는데, 어찌 우는 것이오?"

그러자 그 어머니는 이렇게 말했다.

"몇 해 전에 장군께서 아이 아버지의 종기를 빨아주셨습니다. 그후 아이 아버지는 장군의 은혜에 보답하기 위해 전쟁에 나가서 싸우다가 죽고 말았지요. 그런데 장군이 이번에는 아들의 종기를 빨아주셨습니다. 이제 그 아이의 운명은 뻔합니다. 그래서 이렇게 슬피 우는 것입니다."

_《사기》〈오기열전〉 중에서

여기서 '연저지인(嚥疽之仁)'이란 고사성어가 유래했다. 연저지인이 란 '장수가 부하의 종기를 입으로 빨아서 고쳐 나았다'라는 뜻으로 부하를 지극히 사랑하는 것을 말한다. 하지만 거기에는 더 큰 노림수가 담겨 있다. 생각해 보라. 장군이 일개 병사의 종기를 손수 입으로 빨아주었는데, 어느 병사가 감동하지 않겠는가. 어느 병사라도 감동해서 앞장서서 싸울 것이 틀림없다.

맹상군 역시 사람 마음을 얻는 데 매우 능했다. 그는 모든 식객을 편견 없이 대했다. 심지어 자신과도 차등을 두지 않았다. 그 결과, 수많은 인재가 그에게 몰려왔고, 그들은 위기 때마다 빛을 발하며 맹상군을 지켜 냈다.

맹상군의 애첩과 몰래 정을 통하던 식객이 있었다. 한 식객이 그 사실을 맹상군에게 몰래 일러바쳤다.
"식객 주제에 주군의 여인을 감히 넘보다니, 어서 그자를 없애버리십시오."
뜻밖의 말에 맹상군은 깜짝 놀랐지만, 곧 마음을 다잡고 이렇게 말했다.

"한 번 눈감아줍시다. 남자라면 다 미녀를 좋아하는 법 아니오?"

며칠 후 맹상군은 자기 애첩과 정을 통하던 식객과 마주했다.

"이제껏 이렇다 할 자리 하나 마련해주지 못해서 정말 미안하오. 내가 위나라 소왕과 친한 사이인데, 혹시 위나라에서 벼슬할 생각 없소?"

"왜 없겠습니까? 분부만 내려주십시오."

얼마 후 식객은 위나라로 건너가 높은 벼슬에 올랐다. 하지만 두 나라의 관계가 악화하고 말았다. 위 소왕이 제나라를 치기로 하자, 그가 말했다.

"제가 대왕을 모실 수 있었던 것은 맹상군이 보잘것없는 저를 추천했기 때문입니다. 예로부터 위나라와 제나라는 자자손손 끝까지 창을 마주하지 않기로 맹세한 형제의 나라입니다. 그런데 어찌 제나라를 공격해서 선왕(先王)들의 맹세를 깨뜨리고, 저와 맹상군 사이의 신뢰에 금이 가게 하십니까. 바라건대, 공격을 멈춰주십시오. 그래도 강행하신다면 저는 이 자리에서 목숨을 끊고 피를 뿌리겠나이다."

결국, 소왕은 제나라 공격을 단념했다. 이 소식을 들은 제나라 사람들은 크게 기뻐하며 맹상군의 덕과 사람 보는 안목을 칭송했다.

_《사기》〈맹상군열전(孟嘗君列傳)〉중에서

다른 사람의 마음을 얻으려면 어떻게 해야 할까. 솔선수범하고, 몸을 굽혀 지극한 정성과 자애를 베푸는 것만큼 마음을 얻는 비결은 없다. 오기가 병사의 종기를 입으로 빨았던 이유는 병사를 아꼈기 때문이기도 하지만, 그렇게 함으로써 더 많은 병사의 마음을 사로잡을 수 있었기 때문이다.

———————————

▶▶▶ 존경받는 리더십의 비결, 솔선수범

무조건 강요하고 군림하는 리더의 시대는 끝났다. 리더가 권위를 버리고 아래 사람들과 함께하고 섬길수록 따르는 사람이 많아진다. 그것만큼 아랫사람의 마음을 사로잡는 방법은 없다.

《논어》〈자로(子路)〉에 '선지노지(先之勞之)'라는 말이 있다. 자로가 정치에 관해 묻자, 공자는 이렇게 말했다.

"앞장서고, 노력해야 한다."

'모든 일에 솔선수범하고, 괴롭고 힘든 일은 자신이 감당해야만 한다'라는 뜻이다.

다산 정약용(丁若鏞)은 《목민심서(牧民心書)》에서 공자의 그 말을 인용해 임금이나 리더가 정치를 못 하는 이유는 자신의 몸과 마음이 바르지 않기 때문이라고 했다. 몸과 마음이 바르면 정치는 저절로 잘된다는 것이다. 과연, 이보다 더 적확한 말이 또 있을까.

리더십이란 같은 방향을 향해 함께 뛰어가게 하는 역량을 말한다. 만일 구성원이 제각각 다른 방향을 택하거나, 가는 방법이 다르다면 리더십이 없다고 할 수 있다. 따라서 훌륭한 리더가 되려면 구성원을 하나가 되게 하는 역량을 반드시 갖추어야 한다.

　구성원이 같은 곳을 보게 하려면 통찰력이 있어야 한다. 통찰력이 없으면 혼란과 실패를 반복할 뿐이다. 그런 리더를 믿는 사람은 없다. 리더의 솔선수범 역시 필수다. 리더가 솔선수범하지 않으면 조직의 붕괴는 시간문제다.

유능제강(柔能制强),
부드러운 것이 강한 것을 이긴다

유능제강(柔能制剛) __ '부드러운 것이 강한 것을 이긴다'라는 뜻으로 아무리 강한 힘이라도 부드러움으로 대응하는 것에 당할 수는 없다는 말.

하늘을 찌르는 기개와 용맹함이냐, 아니면 비굴함도 감내하는 부드러운 실리냐?

이 두 가지 화두는 인간사의 오랜 난제다. 군이 역사가 뒤바뀌는 혼란스러운 난세를 떠올리지 않더라도 살다 보면 이와 비슷한 결단의 순간에 부딪히는 경우가 자주 있기 때문이다.

항우(項羽)는 키가 8척(약 190cm 정도)에 이르며, 힘이 장사였다. '산을 뽑을 힘과 세상을 덮는 기세'라는 '역발산기개세(力拔山氣蓋世)'는 그를 두고 한 말이다. 많은 세력과 힘을 합해 진나라를 멸망시킨 그는 유방과 천하를 양분했다. 그러나 약속을 파기하고 기습 공격을 한 유방에 의해 사면초가에 처하고 만다. 위기에 처한 그에게 뱃사공이 피신시켜 주겠다고 했지만, 그는 도망가는 대신 자결하는 의로움을 택한다. 그렇게 해서 천하는 유방의 차지가 되었다.

가난한 농가에서 태어난 유방은 항우와 모든 면에서 달랐다. 이렇다 할 배경도 재산도 없었던 유방의 가장 큰 장점은 다른 사람의 말을 잘 들어준다는 것이었다. 항우가 용맹으로 기세를 떨칠 때 그는 따뜻한 포용력으로써 민심을 얻었다. 항우와 싸울 때마다 백전백패했지만, 장량, 한신, 소하 등의 도움으로 매번 살아남았다. 자신을 향한 비판을 경청할 줄도 알았다. 듣기 싫은 소리를 했다고 사람을 죽인 항우와는 정반대였다.

《육도삼략(六韜三略)》에 '유능제강(柔能制剛)'이란 말이 있다. '부드러운 것이 강한 것을 이긴다'라는 뜻으로 아무리 강한 힘이라도 부드러움으로 대응하는 것에 당할 수는 없다는 말이다.

알다시피, 유비와 조조는 대조적인 리더십을 지니고 있다. 유비는 주변 사람의 힘을 곧 자신의 힘으로 만드는 장점이 있었다. 그만큼 겸손하고 부드러웠다. 그 때문에 비록 유약했을지언정 사람의 마음을 얻었다. 그것이 그가 역사에 남는 리더가 된 비결이다. 반면, 조조는 강한 카리스마를 지니고 있었다. 싸움에서 높은 승률을 올린 이유 역시 거기에 있다. 하지만 그에게 진심 어린 충성을 보이는 이는 거의 없었다. 대부분이 그를 두려워했다.

순자(荀子)는 리더의 마음가짐에 관해 다음과 같이 말했다.

"명령이나 포고를 할 때는 권위 있고 엄격하게 하며, 상벌을 시행할 때는 신념을 갖고 하라. 진지와 창고는 견고하게 만들어야 하며, 군대를 이

동할 때는 신중하게 생각하되, 빠르게 실행해야 한다. 적의 동태를 항상 주시하며, 확실한 계책이 아니면 실행해서는 안 된다."

———————————

▶▶▶ 강한 사람, 강한 조직일수록 유연하다

노자는 "가장 좋은 것은 물과 같다(上善若水)"라고 했다. 몸을 낮추고, 다른 사람을 돕는 것을 비유하는 말이다. 잘 나갈 때일수록 이 말을 명심해야 한다.

물은 만물을 이롭게 하면서도 다투지 않으며 가장 낮은 곳에 자리한다. 그러면서도 모든 것을 깨우치고 안다. 그러므로 도(道)에 가깝다. 물은 낮은 곳에 있기를 잘하고, 마음 쓸 때는 그윽한 마음가짐을 잘 가지며, 사람들과 함께할 때는 사랑하기를 잘하며, 말할 때는 믿음직하기를 잘하고, 다스릴 때는 질서 있게 하기를 잘하고, 일할 때는 능력 있게 하기를 잘하고, 움직일 때는 타이밍 맞추기를 잘한다. 또한, 다투지 않으니 허물이 없다.

_《도덕경(道德經)》 중에서

물은 평상시에는 아무런 존재감이 없다. 형태도 없을뿐더러 낮은 곳만 찾아서 흐른다. 하지만 그 힘은 매우 강력하다. 바위를 뚫는 것은 물론 모든 것을 폐허로 만들 수도 있다.

딱딱하고 권위적인 리더 곁에는 사람이 모이지 않는다. 설령, 모이더라도 잠시뿐, 참모습을 알면 곧 떠나고 만다. 이용 가치가 없을 때 역시 마찬가지다. 조직 역시 마찬가지다. 정말로 강한 리더, 조직일수록 부드럽고 유연하다.

항룡유회(亢龍有悔),
내려올 때를 놓치면 후회한다

항룡유회(亢龍有悔) _ '하늘에 오른 용은 뉘우침이 있다'라는 뜻으로, 부귀가 극에 달하면 위험함을 경계하는 말.

수나라의 유학자 왕통(王通)은 멈춤의 철학자로 알려져 있다. 그는 "삶은 나아가는 것 못지않게 멈추는 것 역시 중요하다"라며, 멈춤의 중요성을 강조했다. 그에 의하면, 멈춤은 패배나 퇴보가 아닌 용기 있는 사람만이 실현할 수 있는 철학이자 성공하는 삶의 필수 덕목이다.

왕통은 20세 때 수 문제(文帝)에게 '태평 10책'이라는 개혁안을 올렸다가 받아들여지지 않자 하분(河汾)에 은둔하며 '멈춤'의 철학을 집대성했는데, 이때 제자 중에는 당 태종 치세에 개혁의 중추적인 역할을 했던 이들이 적지 않다.

멈춤의 지혜는 달리 말하면 기다림이다. 신하를 끊임없이 의심하는 군주를 원망하지 않고 참고 기다려 마침내 제(齊)나라를 세운 소도성(蕭道成), 19년간의 망명 생활에도 방종하거나 좌절하지 않고 인내하여 진(晉)나라의 군주가 된 중이(重耳), 자신의 영광보다 백성의 삶을 먼저 살펴 성급한 개혁조차 멈췄던 당 태종은 그런 점에서 멈춤을 아는 사람이었다고 할 수 있다.

젊은 시절 한신은 걸식표모(乞食漂母, '빨래하는 아낙에게 밥을 얻어먹었다'라는 것에서 유래한 말)의 삶을 살았다. 밥을 얻어먹고 다녀야 했을 만큼 가난했고, 동네 불량배들의 가랑이 밑을 기는 수모를 겪기도 했다. 하지만 포부만큼은 누구보다 원대했다. 그런 그를 알아준 사람이 바로 한 고조 유방의 참모 소하였다. 그는 한신을 고조에게 데려가 대장군 중책을 줘야 한다며 추천하기까지 했다. 그의 실력과 가치를 꿰뚫어 본 것이다. 결국, 고조는 소하의 말을 믿고 한신을 대장으로 임명했고, 한신은 승승장구하며 여러 나라를 평정했다.

사실 고조 유방의 부하가 되기 전, 그는 항우 밑에 있었다. 하지만 항우는 그가 제안을 올릴 때마다 철저하게 무시했고, 어떤 계책도 받아들이지 않았다. 결국, 참다못한 그는 항우에게서 도망치고 말았다. 만일 항우가 그를 믿었다면 천하는 그의 차지가 되었을지도 모른다. 그만큼 한신은 뛰어난 지략을 선보이며 고조가 대업을 이루는 데 있어 결정적인 역할을 했다.

한신의 명성이 천하를 뒤덮을 정도에 이르자, 그에게도 책사를 자처하는 인물이 나타났다. 제나라 변설가(辯舌家) 괴통(蒯通)이었다. 그는 한신의 재능을 한눈에 알아보고 항우, 유방과 함께 천하 삼분지계를 말하며 계속해서 그를 꾀어냈다. 그의 본래 이름은 괴철(蒯徹)이었지만, 한 무제와 이름이 같아서 사마천이 괴통으로 바꿔 쓴 후 괴통으로 더 많이 알려졌다.

괴통이 한신을 향해 말했다.

"천하가 진나라에 대항해 군사를 일으키고, 영웅호걸이 왕을 자칭하면서 세력을 모으자, 천하의 뜻있는 이들이 구름처럼 모여들었습니다. 당시 그들은 진나라를 어떻게 멸망시킬 것인가만 생각하면 되었습니다. 그러나 지금은 초나라와 한나라의 전쟁으로 인해 죄 없는 백성들이 시달리고 있으며, 중원에는 시체와 뼈가 마구 널려 있습니다.

초나라 항왕(項王)은 팽성(彭城)에서 군사를 일으켜 사방으로 적을 격파하고 형양(滎陽)에 이르기까지 곳곳을 점령해 천하에 위세를 떨쳤지만, 지금 그의 군대는 성고(成皋) 서쪽에 막혀 3년 동안 꼼짝하지 못하고 있습니다. 한 왕 역시 수십만 대군을 이끌고도 제대로 싸우지 못한 채 형양에서 패하고, 성고에서 다쳐 결국 완과 섭까지 퇴각하고 말았습니다. 이는 '지혜와 용기를 모두 갖춘 사람도 곤경에 처할 날이 있다'라는 속담을 여실히 증명하고 있습니다.

지금의 난국은 천하의 성현이 아니고는 누구도 진정시킬 수 없습니다. 지금 천하 양웅(兩雄, 항우와 유방)의 운명은 장군의 손에 달려있습니다. 장군께서 한나라를 섬기면 한나라가 이기고, 초나라를 섬기면 초나라가 이길 것입니다.

혹 제가 속마음을 털어놓고 계책을 말씀드려도 장군께서 받아들이지 않을까 심히 걱정됩니다. 만약 저의 계책을 받아들인다면 두 사람 모두에게 손해가 되지 않고 삼국 정립의 시대로 나아갈 수 있습니다. 생각건대, 그것이 가장 상책입니다.

장군은 현재성덕(賢才聖德, 현명한 재능과 임금의 덕을 갖춤)으로서 많은 부대를 거느렸고, 강국인 제나라를 지니면서 연나라와 조나라를 귀순하게 했으니, 이제 한나라와 초나라의 힘이 미치지 못하는 지역에 진출해 양 군의 후방을 견제하는 한편 백성들의 희망대로 항우와 유방의 전쟁을 저지해 안정을 도모한다면 천하가 바람처럼 몰려오고 메아리처럼 호응할 것입니다. 그런 연후에 대국을 나누어 약화하고, 그로써 제후들을 봉하면 천하는 그 은공에 감동해 제나라에 모두 귀순할 것입니다. 나아가 제나라를 지키면서 은덕으로써 제후들을 보살피고 겸허한 태도로써 예를 다하면 천하의 제왕들이 서로 다투어 제나라에 접근할 것입니다.

듣건대, "하늘이 내린 기회를 받지 않으면 도리어 벌을 받으며, 시기가 왔는데도 행동하지 않으면 재앙을 입는다"라고 합니다. 아무쪼록 장군께서는 이 점을 고려하셔야 할 것입니다."

그러자 한참 후 한신이 이렇게 말했다.

"한 왕은 내게 큰 은혜를 베풀었소. 자신의 수레에 나를 타게 했고, 자신의 옷을 내게 주어 입도록 했으며, 자신의 밥을 내게 주었소. 옛말에 '남의 수레를 얻어 탄 자는 그의 환난을 나눠야 하며, 남의 옷을 얻어 입은 자는 그의 근심을 함께 나눠야 하고, 남의 음식을 얻어먹은 자는 그를 위해 목숨을 바쳐 일해야 한다'라고 했소. 그런데 내 어찌 사사로운 이익에 사로잡혀 의리를 저버릴 수 있겠소?"

그러자 괴통이 답답한 표정으로 반문했다.

"지금 장군께서는 한 왕과의 관계가 좋다고 생각해서 만세에 남길 공업을 세우고자 하지만, 그것은 잘못된 생각입니다. 상산왕(常山王) 장이(張耳)와 성안군(成安君) 진여(陳餘) 역시 처음에는 서로 목베개를 해줄 만큼 가까웠습니다. 그러나 장염(張黶)과 진택(陳澤)의 일로 인해 서로 원망하게 되었습니다. 그 결과, 상산왕은 항 왕을 배반한 것도 모자라 그의 심복 항영(項嬰)의 머리까지 들고 달아나 한 왕에게 귀순했고, 한 왕은 그에게 군대를 주어 성안군을 죽이도록 했습니다. 천하에 둘도 없는 사이였지만, 결국 서로를 죽이지 않으면 안 되는 원수 사이가 된 것입니다. 왜 그렇게 되었겠습니까?

화(禍)는 끝없는 탐욕에서 비롯되고, 인심은 변화무쌍합니다. 지금 장군께서는 충심으로써 한 왕과 교류한다고 믿지만, 장군과 한 왕의 관계가 상산왕과 성안군보다 더 공고하다고 할 수는 없습니다. 대부종(大夫種)은 망해가는 월나라를 일으켜 세우고 월왕 구천을 천하의 패자까지 만들었지만, 결국 구천에게 죽임을 당하고 말았습니다. 이것이 바로 '사냥감이 없어지면 사냥개는 쓸모없게 되어 잡아먹힌다(兎死狗烹)'라는 세상의 이치입니다. 교분과 우정으로 말하자면 장군과 한 왕이 장이와 성안군만 못하고, 충신으로 말하자면 장군과 한 왕의 관계가 대부종 및 범려와 구천만 못합니다. 부디, 이 두 가지 예로써 심사숙고하시기 바랍니다. 무릇, 용기와 지략이 군주를 떨게 하는 자는 곧 생명이 위태롭고, 공로가 천하를 뒤덮은 자는 상을 받지 못하는 법입니다.

장군께서는 서하(西河)를 건너 위 왕을 포로로 잡고 정형에서 성안군을 베어 조나라를 항복시켰으며, 연나라와 제나라를 평정하고, 항왕이 보낸 용저(龍且)의 이십만 대군을 무찔렀습니다. 실로 그 공로는 천하에 비길 데 없고, 지략은 불세출(不世出)입니다. 그래서 지금 장군께서 초나라에 가면 초나라가 믿지 못할 것이며, 한나라에 가면 한나라가 두려워할 것입니다. 장군께서는 그런 위세와 공로를 가지고 어디로 가시겠습니까? 지금 장군께서는 남의 신하이면서도 군주를 벌벌 떨게 하는 위세를 가졌으며, 그 이름 또한 천하에 드날리고 있습니다. 저는 그런 장군이 매우 위태롭다고 생각합니다."

"알겠소, 며칠 생각해 보겠소."

한마디로 완곡한 거절이었다. 한신의 우유부단함에 실망한 괴통은 발길을 되돌릴 수밖에 없었다. 그리고 며칠 후 다시 그를 찾았다.

"의견을 들을 수 있는 것은 성공의 징조이고, 반복하여 사고할 수 있는 것은 성공의 관건입니다. 잘못된 의견을 듣고, 잘못된 결정을 하고도 오랫동안 안전한 것은 매우 드뭅니다. 의견을 듣고 판단 착오를 거의 하지 않는 자에게는 감언이설로써 그를 미혹할 수 없으며, 문제를 고려하는 데 있어서 본말전도가 없는 자에게는 감언이설로써 교란

할 수 없습니다. 비천한 일을 하는 것에 만족하는 자는 군주의 지위를 빼앗을 기회를 잃게 되며, 작은 봉록에 미련을 두는 자는 공경재상(公卿宰相, 높은 벼슬아치)의 자리를 얻지 못합니다. 그러므로 총명한 사람은 기회에 임해 결단을 내리며, 만약 머뭇거리면 곧 일을 그르치게 됩니다.

자그마한 일에만 전념하게 되면 곧 천하의 대사를 잃게 되며, 시비 판단의 지혜가 있지만, 결정한 뒤에 또다시 감히 실천하지 못하면 이는 곧 실패의 화근이 됩니다. 그래서 '망설이는 호랑이는 벌과 전갈의 독만도 못하며, 제자리걸음만 하는 준마는 안정되게 전진하는 둔마(鈍馬)만 못하다'라는 말이나 '맹분(孟賁) 같은 용사도 결단이 없으면 반드시 뜻을 이루려는 필부의 결심만 못 하며, 순임금과 요임금의 지혜도 입을 열지 않고 말을 하지 않으면 말하지 못하는 이의 손짓만 못 하다'라는 말은 행동이 얼마나 중요한지 말해주고 있습니다.

공은 이루기 어려우나 잃기는 쉽고, 시기는 얻기 어려우나 놓치기는 쉬운 법입니다. 기회를 놓쳐서는 안 되며, 그 기회는 다시 오지 않습니다. 제발 깊이 헤아려주시기 바라옵니다."

그러나 한신은 여전히 주저했다.

_《사기》〈회음후열전(淮陰侯列傳)〉 중에서

만일 한신이 거기서 끝냈다면 '초한삼걸(初漢三傑, 한 고조가 꼽은 창업 공신 세 사람)'로서 존경받는 삶을 살았을 것이다. 하지만 그는 거기서 멈추지 않았다. 자신이 고조보다 더 뛰어나다는 교만과 착각에 빠지고 말았기 때문이다. 그 결과, 한 고조의 의심을 샀을 뿐만 아니라 뒤늦게 반란을 꾀하다가 자신은 물론 일족이 죽임을 당하는 비운을 당해야만 했다.

▶▶▶ 버려야 얻고, 멈춰야 나아갈 수 있다

《주역(周易)》에 '항룡유회(亢龍有悔)'라는 말이 있다. '하늘 끝까지 올라가서 내려올 줄 모르는 용은 후회하게 된다'라는 말로, 존귀한 자리에 올라간 사람은 교만함을 경계하지 않으면 크게 후회하게 된다는 뜻이다.

사람의 길흉화복을 음양의 원리로 풀어주는 64괘 중 하늘을 상징하는 건괘(乾卦)는 용이 승천하는 기세를 표현하고 있는데, 용의 변천에 따라 운세를 단계별로 풀이하고 있다.

첫 단계는 연못 깊은 곳에 잠복해 있는 '잠용(潛龍)'이다. 이때는 때를 기다리며 덕을 쌓게 되며 그런 다음에 땅 위로 올라와 자신을 드러내는 '견용(見龍)'이 된다. 이때는 잠용 때 쌓은 덕을 만천하에 베풀고 군주의 면모를 다진다. 그 후 훌륭한 신하들이 구름처럼 몰려들고, 마침내 제왕이 되어 하늘을 힘차게 나는 '비룡(飛龍)'이 된다. 거기서 더 높이 오르면

'항룡(亢龍)'이 된다. 더는 이룰 것도, 높이 오를 곳도 없는 최고의 경지인 셈이다. 하지만 물극필반이라고 했다. 만물은 꽉 차게 되면 반드시 기울게 된다.

공자는 이 항용의 단계를 지극히 경계했다.

더는 오를 곳이 없기에 교만해져서 결국 민심을 잃고, 남을 무시하기에 따르던 사람들이 흩어져버려 후회하기에 십상이라는 것이다(亢龍有悔). 이는 무조건 정상을 향해 나아가기보다는 늘 자만하지 말고 겸손해야 함을 깨우쳐 주고 있다.

퇴계 이황(李滉)은 경연 때마다 임금에게 다음과 같은 주역의 한 구절을 강조했다.

"지금의 권세가 영원할 것으로 생각해서는 안 됩니다. 한발 나아가면 한발 물러나고, 나라를 소유하고 난 뒤 결국 시간이 지나면 나라를 다시 내놓게 되는 것이 세상의 이치입니다. 이런 이치를 모르고, 교만과 독단으로 국정에 임한다면 결국 후회할 수밖에 없을 것입니다."

어리석은 사람일수록 오만하고 멈출 줄 모른다. 오만은 자신을 과대평가하게 하고, 멈출 줄 모르는 삶은 상황을 오판하게 해 끊임없이 질주하게 한다.

예나 지금이나 진정으로 용기 있는 사람만이 멈출 수 있다. 멈춤은 자기를 낮추는 것이 아니라 자기를 바로잡고 세우는 것이기 때문이다.

잘 익은 벼일수록 고개를 깊이 숙인다. 벼가 고개를 숙이는 이유는 부족해서가 절대 아니다. 가득 찼기 때문이다. 설익은 벼는 고개를 절대 숙이는 법이 없다. 고개를 높이 치켜든 채 스스로 뽐내고 잘난 체할 뿐이다. 사람 역시 마찬가지다. 자기 안에 든 것이 많은 사람일수록 고개를 숙인다.

멈춤의 미덕을 아는 리더를 싫어하는 사람은 없다. 사실 그런 리더일수록 능력이 더 뛰어나고 위기에 강하다. 나아가 한 번의 성공에 자만하지 않고 변화를 적극적으로 받아들이며, 새로운 변화를 추구한다. 조용히 내실을 다지며 다음을 생각하는 것이다. 하지만 많은 리더가 멈추기보다는 무조건 나아가려고만 한다. 그럴수록 방향을 잃은 채 헤매게 된다는 사실을 모른 채 말이다.

멈춤은 자신감과 강인함의 또 다른 이름이다. 지금 우리에게는 멈춤을 알고 실천하는 리더가 필요하다.

군주민수(君舟民水),
군주가 절대 잊어서는 안 되는 말

군주민수(君舟民水) _ '군주는 배고, 백성은 물'이라는 뜻으로, 강물은 배를 띄우기 뒤집을 수도 있다는 말.

    당 태종은 '군주민수(君舟民水)'를 자경문(自警文, 스스로 경계하는 글)으로 삼았다. 《순자(荀子)》에 나오는 이 말은 '군주는 배요, 백성은 물이다'라는 뜻으로, 물은 배를 띄울 수도 있지만, 전복시킬 수도 있다'라는 말이다.

    군주의 도리는 먼저 백성을 생각하는 것이오. 백성을 해치면서 군주의 욕심을 채운다면, 마치 자기 다리를 베어 배를 채우는 것과 같아서 배는 부를지언정 곧 죽게 될 것이오. … (중략) … 만일 군주가 이치에 맞지 않는 말을 한마디라도 한다면, 백성들은 사분오열하거나 마음을 바꾸어 원한을 품고 역모하는 자도 생길 것이오. 나는 항상 이러한 이치를 생각하고 감히 나 자신의 욕망을 채우는 행동을 하지 않았소.

_《순자》 중에서

태종은 자숙(自肅, 자신의 행동을 스스로 삼가서 조심함)을 게을리하지 않았다. 군주인 자신이 먼저 자세를 바르게 하지 않으면 백성을 제대로 보살필 수 없는 것은 물론 나라에 엄청난 불행을 가져온다는 사실을 잘 알고 있었기 때문이다. 그가 자신의 부족한 점을 직시하고, 독선과 아집을 버리고, 신하들의 간언을 겸허히 수용하는 정신을 잃지 않았던 이유는 바로 그 때문이었다.

태종이 중신들을 향해 말했다.

"군주가 백성을 착취해서 사치스러운 생활에 빠지는 것은 마치 자기 다리를 베어먹는 것과 같소. 그렇게 되면 백성의 삶은 엉망이 될 것이오. 천하의 안녕을 원한다면 군주 자신부터 바르게 행동해야 하오. 지금까지 몸이 똑바로 서 있는데 그림자가 구부러져 보이고, 군주가 훌륭한 정치를 하는데 백성이 엉망이었다는 얘기는 단 한 번도 들어본 적이 없소. 짐은 이를 염두에 두고 항상 나를 올바르게 하려고 하고 있소."

위징이 이어서 말했다.

"일찍이 초나라 장왕(莊王)이 첨하(詹何)라는 현인을 불러 정치의 요체에 관해 물은 적 있습니다. 그때 첨하는 '가장 먼저 군주가 자신의 자세를 바로 해야 한다'라고 했습니다. 장왕이 구체적인 방법을 물었지만, 첨하는 '군주가 자세를 바로 하고 있는데, 나라가 어지러워진 경우는 없었습니다'라고만 할 뿐이었습니다. 지금 폐하께서 말씀하시는 것은 첨하가 말한 것과 똑같습니다."

태종은 이런 각오로 솔선수범했다. 하지만 뜻대로 되지 않은 현실이 항상 불만이었다.

어느 날, 태종이 위징을 향해 말했다

"짐은 언제나 자세를 올바로 하기 위해 노력했는데, 아무리 노력해도 옛 성인을 따를 수 없소. 이러다가 세상 사람에게 비웃음이나 당하지 않을지 염려되오."

"옛날 노나라 애공(哀公)이 공자(公子)에게 '세상에는 건망증이 심한 사람도 많은 모양이오. 이사 갈 때 마누라를 잊고 간 사람도 있다더군'이라고 말한 적 있습니다. 이에 공자는 '그보다 더 심한 사람도 있습니다. 포악하기 그지없던 걸주(桀紂)는 마누라는 물론 자신의 몸마저 까맣게 잊고 있었습니다(徙宅忘妻)'라고 했습니다. 폐하께서는 그 점만 명심하시면 절대 웃음거리가 되지 않을 것입니다."

그 말에 태종은 고개를 크게 끄덕였다.

당 태종 말년. 태종이 위징을 향해 물었다.

"신하 중에 자기 의견을 말하는 자가 거의 없는데, 어찌 된 일이오?"

"폐하께서는 이제까지 허심탄회하게 신하들의 의견에 귀 기울이셨습니다. 귀에 거슬리는 말을 하는 이가 있어도 마땅히 그렇게 해야 합니다. 똑같이 침묵을 지키고 있어도 사람에 따라 그 이유가 다릅니다. 의지가 약한 사람은 마음으로는 생각하면서도 말하지 않으며, 평소에 폐하를 가까이서 모신 적이 없는 사람은 자신이 신임받고 있지 못하다고 생각해서 함부로 말하지 않습니다. 또한, 지위에 연연하는 사람은 말을 잘못했다가는 모처럼 얻은 자리를 잃을까 봐 두려워서 적극적으로 말하지 못합니다. 지금 신하들이 자기 의견을 말하지 않는 것은 그런 이유 때문입니다."

그 말에 태종이 고개를 끄덕였다.

"그대의 말이 맞소. 나는 언제나 그 점을 유의하고 있소. 신하가 군주에게 간할 때는 실로 죽음을 각오해야 할 것이오. 형장으로 가거나 적진 한가운데로 돌진하는 것과 다름없기 때문이오. 생각건대, 간언하는 신하가 적은 것도 그 때문일 것이오. 나는 앞으로 겸허한 태도로 간언을 받아들일 생각이니, 모든 신하가 서슴없이 자기의 의견을 말해주기를 바라오."

**《정관정요》** 중에서

태종은 백성과 모든 희로애락을 함께하고자 했다. 이에 신하들과 허심

탄회하게 토론하면서 정치를 했다. 심지어 위징이 300번 이상 간언해도 사심 없이 그것을 받아들여 자신의 잘못을 바로잡고자 했다. 그것이 그를 중국 역사상 최고의 명군이자, 최고의 리더로 거듭나게 했다.

▶▶▶ 제왕학 교과서, 《정관정요》

《정관정요》는 당 태종의 정치 철학을 담은 책이다. '정관(貞觀)'은 태종 때의 연호(年號)이며, '정요(政要)'는 정치의 요체라는 뜻이다.

《정관정요》에는 군주의 도리 및 인재 등용법에 관한 유용한 지침이 가득하다. 이에 역대 중국 왕조는 물론 조선 왕들 역시 《정관정요》를 통해 군주의 도리와 통치술을 배웠다. 그런 점에서 정관정요를 '제왕학 교과서'라고 부르기도 한다.

《정관정요》는 태종이 위징(魏徵), 방현령(房玄齡), 두여회(杜如晦), 왕규(王珪) 등의 현신(賢臣)과 나눈 이야기를 엮은 것으로, 총 10권 40편으로 구성되어 있다.

제1권 – 군주가 갖추어야 할 도리 및 정치의 근본
제2권 – 현신의 임명과 간언의 중요성
제3권 – 군주와 신하가 경계해야 할 계율 및 관리 선발, 봉건제
제4권 – 태자와 왕자들이 경계하고 알아야 할 점

제5권 – 인의 · 충의 · 효도 · 우애 · 공평에 관한 문답

제6권 – 검소 · 절약 · 겸양 · 사치 · 방종 · 탐욕에 관한 문답

제7권 – 유학 · 문학 · 역사에 관한 문답

제8권 – 농업 · 형법 · 부역 · 세금에 관한 문답

제9권 – 정벌과 변방 안정책

제10권 – 군주의 순행과 사냥, 재해, 그리고 신중한 끝맺음

《정관정요》는 개인은 물론 공직자의 마음을 다스리는 교양서로도 전혀 손색이 없다. 나보다 남을 먼저 생각하는 마음, 공평무사한 태도, 인재를 찾고 중용하고자 하는 인재관, 칭찬보다는 비판을 즐겨 듣고자 하는 마음가짐과 스스로에 대한 엄격함 등이 오늘을 사는 우리에게 적지 않은 가르침을 주기 때문이다.

계명구도(鷄鳴狗盜),
세상에 쓸모없는 사람은 없다

계명구도(鷄鳴狗盜) __ '닭 울음소리를 내고 개처럼 물건을 훔친다'라는 뜻으로 작은 재주가 뜻밖에 큰 구실을 한다는 말.

춘추전국시대 제후들은 너나 할 것 없이 인재를 모으는 데 온 힘을 기울였다. 인재가 힘이라고 생각했기 때문이다. 귀족들 역시 마찬가지였다. 조금이라도 쓸모가 있으면 앞뒤 가리지 않고 인재를 불러모았다. 그 대표적인 인물이 전국시대 사군(四君)이었고, 그중 으뜸은 맹상군(孟嘗君)이었다.

그는 거느린 식객(食客, 세력이 있는 집에 얹혀서 문객 노릇을 하는 사람)만 3천여 명이 넘었다. 제후에서 거지까지 그 신분 역시 다양했는데, 죄를 짓고 도망친 사람이라도 특별한 재주가 있으면 기꺼이 식객으로 맞이했다. 그 때문에 제나라뿐만 아니라 다른 나라에서 많은 인재가 그에게 몰려왔다.

천하의 패자였던 진 소왕(昭王)이 맹상군의 소문을 듣고 그를 초청했다. 대단한 인물이라고 생각해 재상으로 삼기 위해서였다. 하지만 많은 신하가 반대하고 나섰다. '그를 재상으로 삼으면 진나라보다 제나라 편을 들 것'이라는 이유였다. 그 말에 소왕은 재상으로 임명하려던 계획을 취소했지만, 문제가 있었다. 맹상군을 돌려보내면 제나라가 가만히 있지 않을 것이었기 때문이다. 방법은 하나뿐이었다. 아예 죽여서 후환을 없애는 것이었다.

오도 가도 못하는 신세가 된 맹상군은 소왕의 총애를 받던 후궁 연희에게 도움을 청했다. 하지만 일이 꼬이고 말았다. 그녀가 '호백구(狐白裘)'를 달라고 했기 때문이다. 호백구는 여우 겨드랑이의 흰털만 모아 만든 가죽옷으로, 한 벌을 만드는 데 천여 마리의 여우가 필요했다. 그만큼 진귀했고, 그 값 역시 일 천금이 넘었다. 그러다 보니 맹상군 역시 단 한 벌밖에 갖고 있지 않았는데, 그 역시 소왕에게 바치고 없었다. 꼼짝없이 죽을 수밖에 없었다.

그때 구세주가 나타났다. 개 흉내를 내며 도둑질을 일삼던 자였다. 누구 하나 눈여겨보지 않았지만, 맹상군은 그가 언젠가는 쓸모 있을 것이라며 식객으로 받아들였다. 그날 밤, 그는 왕궁에 몰래 숨어들어 호백구를 훔쳐 왔다. 맹상군은 그것을 즉시 후궁 연희에게 바쳤고, 그녀는 약속대로 소왕을 향해 다음과 같이 진언한다.

"재상으로 앉히겠다며 초청해놓고 아무 이유 없이 죽인다면, 앞으로 많은 인재가 진나라를 등질 것입니다. 그렇게 되면 대왕의 위신 역시 크게 떨어질 것입니다."

결국, 소왕은 맹상군을 풀어줄 수밖에 없었다. 그 길로 맹상군 일행은 말을 몰아 국경을 향해 달아났다. 하지만 뒤늦게 속은 것을 안 소왕 역시 군대를 풀어 그를 뒤쫓았다. 다행히 맹상군 일행이 국경에 먼저 도착했지만, 또다시 위기에 처하고 만다. 성문이 굳게 닫혀 있었기 때문이다. 첫닭이 울어야만, 성문은 열리게 되어있었다. 그런데 그때 또 한 번 구세주가 나타났다. 닭 울음소리를 잘 흉내 내던 자였다. 그가 닭 울음소리를 내자, 진짜 닭 울음소리로 착각한 문지기들은 문을 활짝 열었다. 그렇게 해서 맹상군은 죽을 위기에서 벗어날 수 있었다.

_《사기》〈맹상군열전〉 중에서

사실 맹상군만큼 인재관리에 철저했던 사람도 없다. 그는 식객을 새로 받아들이거나 서로 이야기를 나눌 때면 항상 그 말을 일일이 기록하고, 고향이나 인적사항 등을 적어두고 그때그때 활용했다.

제나라에서 닭 울음소리(鷄鳴)와 개와 같이 도적질을 잘하는 자(狗盜) 때문에 맹상군이 목숨을 건진 것을 두고 사람들은 '계명구도(鷄鳴狗盜)'라고 했다. 계명구도란 '닭의 울음소리를 잘 내는 사람과 개의 흉내를 잘 내는 좀도둑'이라는 뜻으로 천한 재주를 가진 사람도 요긴하게 쓸 때가 있다는 말이다.

일찍이 맹상군이 보잘것없는 그들을 식객으로 맞이하자, 많은 사람이 그들과 함께 하는 것을 부끄럽게 생각했다. 하지만 죽을 위기에서 맹상군을 구한 것은 결국 그들이었다. 이에 많은 사람이 맹상군의 안목을 다시 보게 되었다.

─────────────

▶▶▶ 정치의 달인, 이극의 '오시법'

인재를 얻으려면 가장 먼저 그럴 만한 자질을 지닌 사람인지 살펴봐야 한다. 하지만 그게 말처럼 쉽지 않다.

춘추전국시대 초기 정치의 달인으로 불리던 위나라 재상 이극(李克)은 위 문후(文侯)에게 사람을 보는 다섯 가지 기준인 '오시법(伍視法)'을 간언한 바 있다.

문후가 이극을 향해 물었다.

"집안이 가난해지면 어진 부인이 필요하고(家貧則思良妻), 나라가 혼란해지면 유능한 재상이 필요하다(國亂則思良相)고 하였소. 지금 나라의 재상을 선발하려 하는데, 어떤 사람을 재상으로 등용했으면 좋겠소?"

그러자 이극이 말했다.

"첫째, 거시기소친(居視其所親). 평소에 누구와 친하게 지내는지를 살펴야 합니다. 친분을 맺은 이들을 보면 그가 어떻게 세상을 사는지를 알 수 있습니다.

둘째, 부시기소여(富視其所與). 돈이 많은 사람은 평소에 어떻게 베푸는지를 살펴야 합니다. 자신의 몸을 치장하고, 오로지 자기 가족만을 위해 돈을 쓰는지, 아니면 어려운 사람과 나누는지를 보면 그의 사람됨을 알 수 있습니다.

셋째, 원시기소거(遠視其所擧). 지위가 높은 사람은 어떤 사람을 기용하는지를 살펴야 합니다. 아무리 능력 있는 사람이라도 사람을 제대로 쓰지 못하면 문제가 있기 때문입니다.

넷째, 궁시기소불위(窮視其所不爲). 어려운 처지에 있는 사람은 어떤 일을 하지 않는지를 살펴야 합니다. 아무리 어려워도 해서는 안 될 일이 있기 때문입니다.

다섯째, 빈시기소불취(貧視其所不取). 가난한 사람은 그가 취하는 것을 살펴야 합니다. 아무리 힘들고 어려워도 부정한 것을 받지 않아야 하기 때문입니다."

_《십팔사략(十八史略)》 중에서

인재 판별의 핵심은 자신이 처한 상황에서 어떻게 행동하고 처신하느냐 달려있다는 것이었다. 사실 사람의 가치를 한눈에 알아보는 것만큼 어려운 일은 없다. 하지만 더 어려운 일이 있다. 그렇게 해서 얻은 인재를 잘 쓰기는 더 어렵다는 것이다. 그러다 보니 능력이나 전공, 적성이 전혀 맞지 않는 사람이 괜히 자리만 차지하는 경우가 더러 있다. 과연, 그 사람이 제대로 일하고 리더십을 발휘할 수 있을까. 그 결과는 보지 않아도 뻔하다. 일의 성과는 차치하더라도 그를 믿고 따르는 사람은 아마 거의 없을 것이다.

사람마다 능력과 적성이 제각각 다르기 마련이다. 따라서 인재를 기용할 때는 그런 점 역시 잘 헤아려야 한다.

나아가 인재가 능력을 발휘할 때까지 충분히 기다려주는 것이 리더의 핵심 역할 중 하나다. 뛰어난 리더일수록 인재가 능력을 발휘할 때까지 기다릴 줄을 안다. 전쟁이 한창일 때 장수를 바꾸는 것만큼 어리석은 일은 없다. 득보다는 실이 훨씬 많기 때문이다. 인재가 능력을 발휘하게 하려면 질책과 비난보다는 응원과 용기를 북돋아 줘야 한다.

세상에 쓸모없는 사람은 없다. 주위에 있는 사람이 지금 당장은 못나보이고 뒤떨어지는 행동을 할지라도 그를 무시해서는 절대 안 된다. 언젠가는 그 사람이 우리를 깜짝 놀라게 할지도 모르기 때문이다.

PART 3

중　　　용,
重　用

소중하게 써야 한다

중용(重用).

사람을 쓰되, 소중하게 써야 한다.

높은 연봉을 주고, 핵심 요직에 앉히는 것이 중용은 아니다.

각자의 능력과 역량에 맞는 일을 맡겨야 한다.

토미양화(土美養和),
어진 임금이 어진 신하를 만든다

토미양화(土美養和) _ '고운 흙은 벼를 잘 기른다'라는 뜻으로, 어진 임금은 인재를 잘 기른다는 것을 비유하는 말.

인재를 신중히 골라 써서 성공한 대표적인 리더로 당 태종을 꼽는다. '현무문 정변(玄武門 政變, 당 태종이 태자 이건성과 제왕 이원길을 제거한 쿠데타)'으로 황제가 된 그는 태자의 참모였던 위징(魏徵)의 무릎을 꿇게 한 뒤 이렇게 물었다.

"너는 어찌하여 우리 형제 사이를 이간질했느냐?"

당시 이세민의 명망이 날로 높아져 태자 자리를 위협하게 되자, 위징은 태자에게 "미리 손을 써서 근심을 제거하라"라고 조언한 일이 있었다. 태종은 그것을 따져 물은 것이다.

"만일 태자께서 내 말을 들었다면 오늘 같은 일은 없었을 것이오."

위징이 고개를 꼿꼿이 한 채 말했다. 이를 본 태종은 죽음을 두려워하지 않고 할 말을 다 하는 그가 자신에게 꼭 필요한 사람임을 알게 되었다.

이에 그를 용서하고 간의대부(諫議大夫)로 삼았다. 그의 짐작대로 위징은 곧은 소리를 서슴지 않았다. 태종 역시 그의 쓴소리를 거울로 삼았다. 그것이 바로 '정관의 치(貞觀之治)'가 가능했던 이유다.

위징의 생일 축하연에 참석한 태종이 위징을 향해 물었다.

"경은 내게 뭐 바라는 게 없소?"

"폐하께서는 신을 어진 신하(良臣)가 되게 하시되, 충성스러운 신하(忠臣)는 되게 하지는 마시옵소서."

"아니, 그게 도대체 무슨 말이요? 양신과 충신이 뭐가 다르오?"

태종이 그 이유를 물었다.

"순임금을 섬긴 직(稷)과 계(契), 고요(皐陶)는 군신이 마음을 합해 천하를 다스리고 함께 영광을 누렸습니다. 이것이 바로 신이 말씀드리는 어진 신하입니다. 하지만 하나라 걸왕을 섬긴 관용봉(關龍逄)과 은나라 주왕을 섬긴 비간(比干)은 임금 앞에서 임금의 잘못을 꺾고 공공연히 임금에게 충언했지만, 주살 당하고 결국 나라도 멸망하고 말았습니다. 이것이 신이 말씀드리는 충성스러운 신하입니다."

그 말에 태종은 사직의 근본을 잊지 않겠다며, 위징에게 비단 5백필을 상으로 주었다.

_《정관정요(貞觀政要)》 중에서

태종은 적이라도 자신의 부족함을 채워줄 수 있는 사람이라면 그를 적극적으로 기용했다. 자신을 제거해야 한다고 했던 위징을 죽이지 않고 참모로 삼은 것이 대표적인 예다. 만일 위징이 다른 신하들처럼 입에 달콤한 말을 했다면 그는 절대 살아남을 수 없었을 것이다. 태종 역시 그의 그런 강직함을 거울삼아 그의 말을 경청하고 적극적으로 수용했기에 명군으로 거듭날 수 있었다.

장자방 장량(張良) 역시 한 고조 유방에게 그와 같은 존재였다.

한 고조 유방이 천하 통일 후 낙양에 머물 때였다.

장수들이 며칠째 같은 자리에 모여 뭔가를 쑥덕였다.

의아하게 생각한 고조가 장량을 향해 물었다.

"저자들은 매일같이 모여서 뭘 하는 것이오?"

"폐하께서는 아직 모르셨습니까? 저들은 지금 반란을 모의하는 중입니다."

깜짝 놀란 고조가 반문했다.

"이제야 천하가 안정되었는데, 반란이라니. 이 무슨 망발이오?"

"폐하께서는 한낱 서민 출신으로 저들을 부려 천하를 장악했습니다. 그런데 천자가 되신 후 소하(蕭何)나 조참(曹參)처럼 옛날부터 함께했던 이들에게는 땅을 하사하셨지만, 다른 이들에게는 벌을 내리신 게 전부입니다. 지금 모든 이의 공적을 공정하게 평가하고 있지만, 필요한 땅을 모두 계산하면 천하의 모든 땅을 나눠준다고 해도 모자랄

지경입니다. 그래서 저들은 폐하께서 어차피 모두에게 땅을 내리지는 못할 테니, 오히려 모함해서 벌하지는 않을지 걱정하며 반란을 모의하는 것입니다."

그제야 고조는 고개를 끄덕였다.

"그럼 어찌하면 좋겠소?"

"폐하께서 가장 미워하는 자 중 누구나 알 만한 사람이 있습니까?"

"그야 두말할 필요 없이 옹치(雍齒)지. 그는 나와 오랜 원한이 있을 뿐만 아니라 몇 번이나 나를 모욕했소. 지금이라도 죽이고 싶지만, 공이 너무 크기에 차마 그럴 수가 없소."

"그렇다면 어서 그에게 벼슬을 주고, 신하들이 모인 자리에서 직접 발표하십시오. 옹치가 벼슬을 받았다고 하면 모든 문제가 즉시 해결될 것입니다."

장량의 진언을 받아들인 고조는 즉시 연회를 연 후 옹치를 제후에 봉했다. 그리고 장수들의 공에 따라 재물을 나눠주도록 승상에게 재촉했다. 그러자 아니나 다를까 모두가 기뻐하며 환호성을 질렀다.

_《사기》〈유후세가(留侯世家)〉중에서

송나라의 정치가 사마광은 이 일에 대해《자치통감》에서 이렇게 말한 바 있다.

"장량은 모반 계획을 미리 알고 있었지만, 고조가 그것을 직접 보고 난

후에야 간언했다. 황제는 사사로운 감정으로 누군가를 해치지 않고, 아랫사람들은 더는 불안하지 않게 하기 위해서였다. 간언은 장량처럼 해야 한다."

토미양화(土美養和). '고운 흙은 벼를 잘 기른다'라는 뜻으로, 어진 임금은 인재를 잘 기른다는 것을 비유하는 말이다. 비슷한 말에 '마중지봉(麻中之蓬)'이 있다. '구부러진 쑥도 삼밭에 심으면 꼿꼿이 자라게 된다'라는 뜻으로 선량한 사람과 사귀면 그 영향을 받아 자연히 선량하게 된다는 말이다.

당 태종과 한 고조가 뛰어난 리더가 될 수 있었던 것은 위징과 장량이라는 어진 신하가 있었기 때문이다. 만일 태종과 고조가 그들의 간언을 불편하게 생각해서 그들을 멀리했다면 현군이나 명군이 아닌 혼군(昏君, 사리에 어둡고 어리석은 임금)이 될 수도 있었을 것이다.

─────────────

▶▶▶ **리더가 멀리해야 할 6가지 유형의 사람**

사당에 큰 쥐가 살고 있었다. 쥐를 잡기 위해 불을 지르려고 했지만, 기둥이 타버릴까 싶어서 하지 못하고, 쥐구멍에 물을 부어 잡으려고 했지만, 칠이 벗겨질까 봐 방치하고 말았다. 얼마 후 급속히 늘어난 쥐새끼에 구멍이 숭숭 뚫린 사당은 결국 무너지고 말았다.

《한비자》에 나오는 이야기다. 여기서 사당은 '조정'을 가리키며, 쥐는 '간신'을 말한다. 요즘으로 치면 '조직'과 '아첨꾼'이라고 할 수 있다.

어느 시대, 어느 조직이나 간신은 존재한다. 그렇다면 리더가 그런 간신을 피하려면 어떻게 해야 할까.

위징은 간신의 유형을 6가지로 나누었다. 그는 왕이 이들을 멀리할 때 나라가 부강해지고, 백성이 비로소 편안해진다고 했다. 요즘으로 치면, 리더가 멀리해야 할 사람이라고 할 수 있다.

첫째, 관직에 안주하고 녹봉을 탐하는 구신(具臣)

둘째, 아첨만 하는 유신(諛臣)

셋째, 간사하고 어진 사람을 질투하는 간신(奸臣)

넷째, 잘못을 감추고 사람들을 이간질하는 참신(讒臣)

다섯째, 대권을 쥐고 전횡을 일삼는 적신(賊臣)

여섯째, 군주의 눈을 가려 불의에 빠지게 하는 멸신(滅臣)

양신(良臣, 어진 신하)은 세상에 이름을 널리 알릴 뿐만 아니라 군주에게도 그 영향을 미쳐 위세와 명망이 대대손손 이어지게 한다. 하지만 충신(忠臣)은 왕의 미움을 사서 주살 당하기 쉽다. 군주에게 어리석음을 깨닫게 해서 오명을 남기기 때문이다. 그 결과, 군주와 자신 모두를 망친다.

양신은 '위로는 군주를 편안하게 하고, 아래로는 백성을 행복하게 한다'라는 믿음을 지녀야 한다. 그러자면 훌륭한 군주를 만나는 것도 중요하지만, 군주가 흐트러지지 않도록 끊임없이 설득해야 한다.

지금 우리에게 필요한 것은 군주를 위하는 충신이 아니라 자신과 주군, 나라를 모두 살게 하는 양신이다.

어떤 조직이나 열린 사람과 곧은 사람이 필요하다. 하지만 그런 사람들이 존재하기에는 현실이 절대 만만치 않다. 열린 사람은 닫힌 사람에게, 곧은 사람은 비뚤어진 사람에게 밀려나기 쉽기 때문이다. 하지만 닫힌 사람보다 열린 사람이, 굽은 사람보다 곧은 사람이 많아야만, 조직이 살고 발전한다. 따라서 리더라면 그들을 구분하는 안목을 반드시 갖춰야 한다.

궁팔십 달팔십(窮八十 達八十),
기다림의 지혜

궁팔십 달팔십(窮八十 達八十) _ '80년을 가난하게 살고, 80년을 영광스럽게 살았다'라는 뜻으로, 모든 일에는 적절한 때가 있음을 나타내는 말.

중국 고전《채근담(菜根譚)》에 '간인지간후반절(看人只看後半截)'이라는 말이 있다. '사람을 평가하려면 삶의 후반부를 봐야 한다'라는 뜻이다. 그만큼 삶의 후반부가 중요하다는 말이다.

주 문왕이 사냥을 나서기에 앞서 점을 쳤다.

'얻을 것은 용도, 호랑이도, 곰도 아니다. 폐왕을 보좌할 신하를 얻을 것이다.'

문왕은 괴상한 점괘에 의아해하며 사냥을 떠났다. 그리고 얼마 후 위수 북쪽에서 낚시하던 한 노인을 만났는데, 한눈에도 범상치 않은 기운이 느껴졌다.

문왕이 노인을 향해 물었다.

"군주가 모든 것을 밝게 알려면 어떻게 해야 하오?"

"눈을 밝게 보는 것이 중요합니다. 또한, 귀는 밝게 들어야 하며, 마음은 지혜로워야 합니다. 천하 만백성의 눈으로 사물을 보면 보이지 않는 것이 없고, 천하 만백성의 귀로 들으면 들리지 않는 것이 없으며, 천하 만백성의 지혜로 생각하면 알지 못할 것이 없는 법입니다. 천하 만백성의 눈과 귀, 지혜를 하나로 모아 군주에게 전하면 군주의 밝음이 가려지는 일은 절대 없을 것입니다."

"그러면 나라를 지키려면 어떻게 해야 하오?"

"빨래는 해가 머리 위에 뜬 한낮에 말려야 하고, 칼을 뺐으면 반드시 베어야 하며, 도끼를 들었으면 반드시 내려쳐야 합니다. 한낮에 빨래를 말리지 않으면 때를 잃는 것이며, 기껏 칼을 빼고도 아무것도 베지 않으면 좋은 기회를 잃는 것이며, 도끼를 들고도 내려치지 않으면 화근을 남겨 도적을 불러들이게 됩니다. 물은 조금씩 흐를 때 막지 않으면 마침내 큰 강을 이루어 막지 못하고, 불은 막 피어오를 때 끄지 않으면 큰불이 되어 끌 수 없게 되며, 떡잎일 때 나무를 잘라내지 않으면 큰 나무가 되어 도끼를 쓰지 않고서는 벨 수 없습니다."

그 말에 크게 감동한 문왕은 노인을 수레에 태우고 돌아와 스승으로 삼았다.

_《사기》〈제태공세가(齊太公世家)〉중에서

사실 문왕의 아버지, 태공(太公)은 생전에 성인이 나타나서 아들을 도와 나라를 번영시키기를 간절히 원했다. 이에 문왕은 노인이야말로 아버지가 원한 성인이라며, 아버지 '태공'이 기다리던 사람이라는 뜻으로 '태공망(太公望)'이라는 이름을 하사했다. 그 후 태공망은 문왕을 도와 정치와 군사 분야에서 탁월한 능력을 발휘했는데, 특히 군사 분야에서 중국 참모의 시조라 불릴 만큼 눈부신 활약을 보였다.

　　사마천의《사기》〈제태공세가(齊太公世家)〉에 의하면 태공망의 성은 강 씨지만, 봉해진 성을 좇아 여상(呂尙)이라고 했다고 한다. 하지만 그 가뜻을 펴기까지는 무려 80년이라는 세월이 걸렸다.

　　남들에게는 보잘것없고 무능한 사람처럼 보였을지 모르지만, 여상은 큰 꿈을 마음에 품고 자신의 진가를 알아줄 사람을 묵묵히 기다렸다. 그 세월이 무려 80년이었다. '빨리빨리'에 익숙하고, 조금이라도 마음에 들지 않으면 쉽게 포기하는 우리에게 그의 이야기는 큰 깨달음을 준다. 하지만 기다리는 일이 그리 쉽지만은 않다. 특히 80년이란 세월을 기다려야 한다면 대부분 포기할 것이 틀림없다. 이와 관련해서 유명한 여상의 일화가 있다.

　　태공망 여상이 입신출세하기 전, 그의 게으름과 가난에 지친 그의 부인은 그만 집을 나가고 말았다. 이후 여상이 성공해서 돌아오자, 옛 부인은 다시 아내로 맞아주길 애걸했다. 이에 여상은 하인에게 물을 한 사발 가져오게 한 후 그 물을 땅에 엎질렀다. 그러고는 옛 아내에게 그 물을 다시 담으면 부부 사이로 다시 돌아가겠다고 했다. 왕무(王楙)의《야객총서(野客叢書)》는 이를 다음과 같이 기록하고 있다.

"여상의 처, 마 씨는 가난을 견디지 못해 떠나갔다가 그가 귀하게 되자 다시 돌아왔다. 이에 여상은 물을 한 단지 가져다가 땅바닥에 쏟고는 그 물을 다시 주워 담아 보라고 했다. 그러면서 이렇게 말했다. '한 번 쏟은 물을 다시 그릇에 담을 수 없듯, 한 번 끊어진 인연 역시 다시 맺을 수 없는 법이오.' 그러고는 끝내 외면하고 말았다."

복수불반분(覆水不返盆). '한 번 엎어진 물은 다시 주워 담을 수 없다'라는 뜻으로, 상황이 더는 만회할 수 없는 지경에 이르렀음을 비유한 말이다.

기다리는 데는 인내가 필요하다. 인내란 힘든 것을 참고 견디는 능력일 뿐만 아니라 나를 유혹하는 것으로부터 나를 지키는 힘이기도 하다. 나비 유충이 고치 안에서 오랜 시간 인고해야만 아름다운 나비로 환골탈태할 수 있듯, 성숙한 인간이 되기 위해선 적지 않은 인내의 시간을 통과해야만 한다. 하지만 그게 쉽지 않다. 대부분 달콤한 유혹을 이기지 못해 중도에 포기한다. 복수불반분의 어리석음을 범하는 것이다.

인내란 아무 생각 없이 그저 참고 견디는 어쩔 수 없는 선택이 아니다. 그것은 농부가 가을의 결실을 기대하며 씨를 뿌리고 물을 주며 잘 보살피는 것과도 같다. 지혜로운 농부일수록 기다림에 익숙하듯, 잘 참고 견디는 사람만이 더 크고 많은 결실을 얻을 수 있다.

80년을 초야에 묻혀 궁핍하게 살며 때를 기다렸던 강태공의 말이 그 방증이다.

"운도 지지리도 없는 놈이라며 하늘의 무심함을 스스로 탓하지 말라. 나는 검은 머리가 백발이 되고 나서야 겨우 문왕을 만나 은나라 주왕을 멸하고 주나라를 세웠다. 숱한 세월을 낚으며 늙은이가 되었지만, 절대 하늘을 원망하거나 포기하지 않았으며, 그 인내의 결실이었던 단 한 번의 기회를 사로잡아 천하를 얻었다."

———————

▶▶▶ 인내만큼 드러나지 않는 지혜는 없다

위대한 제왕이 있으면 그 옆에는 그를 보필하는 뛰어난 참모가 있기 마련이다. 주 문왕과 무왕에게는 태공망 여상이, 제 환공에게는 관중이, 한 고조에게는 장자방이, 유비에게는 제갈량이, 당 태종에게는 위징이라는 뛰어난 참모가 있었다.

적벽대전 당시 제갈량의 '지천명(知天命)'이 없었다면 유비는 대세를 장악한 조조를 절대 이길 수 없었을 것이다. 그렇게 되면 우리가 아는 중국의 역사 역시 크게 달라졌을 것이다.

'순풍에 불을 붙이면 힘이 들지 않는다(順風取下 用役不多)'라는 말이 있다. 하지만 이를 위해서는 기회를 보는 뛰어난 안목과 함께 기회가 올 때까지 참고 기다리는 인내가 있어야 한다. 당장 형세가 불리하다고 해서 조급해하거나 유리하다고 해서 경거망동하면 대사를 그르치기에 십상이다.

결국, 승리는 기다리는 사람의 몫이다. 세상을 도모하는 큰일일수록 지략보다는 하늘의 기회를 기다릴 줄 알아야 한다. 인내만큼 드러나지 않는 지혜는 없다. 이에 여상은 《육도》에서 이렇게 말하기도 했다.

"매가 먹이를 덮치려 할 때는 날개를 거두고 낮게 날며, 맹수가 먹이를 덮치려 할 때는 귀를 내리고 몸을 낮추듯이, 성인이 움직이려 할 때는 반드시 어리석은 척한다."

각재기소(各在其所), 누구나 제자리가 있다

각재기소(各在其所) _ '모든 것은 제자리가 있다'라는 뜻으로 제자리에 있어야만 제 가치를 누릴 수 있다는 말.

큰 것을 얻으려면 먼저 작은 것을 버려야 한다. 《손자병법(孫子兵法)》에서는 이를 '욕금고종(欲擒姑縱)'이라고 했다. '잡고 싶으면 먼저 놓아줘야 한다'라는 뜻이다.

제갈량이 남만의 두목 맹획(孟獲)을 일곱 번 놓아주고 일곱 번 잡아들인 칠종칠금(七縱七擒)의 고사는 이 전술을 응용한 것이다. 많은 장수의 반대를 무릅쓰고, 제갈량이 맹획을 일곱 번이나 놓아준 이유는 그를 완전히 복종시키기 위해서였다. 그의 마음을 진심으로 얻지 못하면 천하를 얻을 수 없다고 생각했기 때문이다. 이에 일곱 번이나 그를 놓아주는 쉽지 않은 결정을 내렸고, 맹획은 제갈량에게 진심으로 복종하게 되었다. 만일 제갈량이 맹획을 붙잡아두고 풀어주지 않았다면 그를 따르는 남만의 수많은 부족과 전투를 치러야 했을 것이다.

욕금고종은 노자(老子)의 사상과도 연결되어 있다.

　상대를 약하게 하려면 반드시 먼저 강하게 해야 한다. 마찬가지로 상대를 멸하려면 반드시 먼저 흥하게 해야 한다. 상대에게 빼앗으려면 반드시 먼저 줘라. 이를 은밀한 현명함이라고 한다. 부드럽고, 약한 것이 결국 딱딱하고, 강한 것을 이긴다.

_《도덕경(道德經)》 중에서

　욕금고종에서 금(擒)은 '목적'이고 종(縱)은 '방법'이다. 큰 것을 얻으려면 작은 것을 먼저 놓아줘야 한다.
　살면서 가장 범하기 쉬운 것이 바로 '집착'이다. 그런 점에서 욕금고종은 미래를 볼 줄 아는 능력이 있는 사람만이 사용할 수 있다. 눈앞의 이익에만 급급해 당장 자신이 가진 것을 놓치지 않으려는 사람은 절대 이 전술을 이해하지 못하기 때문이다. 완전히 얻으려면 먼저 놓아줘야 한다.

　이소산금(二疏散金). '두 소씨가 황금을 흩뿌린다'라는 뜻으로 만족할 줄 알면 욕된 일을 당하지 않는다는 말이다. 한나라 때 소광(疏廣)과 소수(疏受)가 재물을 축적해 두지 않고 다른 사람들과 함께 쓴 데서 유래했다.

소광은 선제(宣帝) 때 태자태부(太子太傅)를 지냈고, 조카인 소수 역시 태자소부(太子少傅)가 되어 삼촌과 조카가 모두 태자의 스승이 되는 영예를 누렸다. 더욱이 태자가 황제가 되면 엄청난 권력과 부가 보장되어 있었다. 하지만 태자의 학문이 성취를 이루었을 즈음, 삼촌 소광이 조카 소수에게 말했다.

"만족할 줄 아는 이는 욕된 일을 당하지 않고 그칠 줄 아는 이는 위험에 빠지지 않는 법이다. 그만 벼슬에서 물러나 고향으로 내려가자."

삼촌의 말에 조카 소수 역시 흔쾌히 동의했다. 그렇게 해서 낙향한 두 사람은 황제가 내려준 황금을 팔아서 친구들과 이웃들을 초대해 매일 잔치를 베풀고 즐기는 데 썼다. 보다 못한 한 이웃이 그 돈으로 자손을 위해 논밭을 사두라고 충고하자, 소광은 이렇게 말했다.

"이미 자손들이 열심히 가꾸면 보통의 생활을 할 수 있는 정도의 땅이 있소. 거기에 재물을 더하면 게으름만 가르치게 될 것이오. 부자는 원래 사람들의 원망을 쉬이 사니, 자손들이 원망을 듣는 것을 원치 않는다오.".

_《한서열전(漢書列傳)》 중에서

지나친 욕심은 화를 부른다. 적절한 욕망은 우리를 성장하게 하지만, 한없는 욕망은 탐욕으로 변해 파멸을 부르기 때문이다.

한 고조 사후 한나라는 황후 여 씨 일족의 횡포가 극에 달했다. 여후(呂

后)는 여 씨 일족을 제후로 봉하고, 황제를 수시로 갈아치웠다. 여후가 죽을 때까지 15년 동안 한나라는 '여후의 나라'였다.

　여후가 죽자, 주발(周勃)은 진평(陳平)과 함께 여 씨 일족을 몰아내고 한 고조의 차남 유항(劉恒)을 옹립했다. 그가 바로 한 문제(文帝)다. 문제는 주발을 일등 공신에 봉하고 우승상으로 삼고자 했다. 사실 여 씨 토벌 계획을 주도한 사람은 진평이었지만, 그는 "주발이 더 공이 있고 능력이 있다"라며 우승상 자리를 그에게 양보하고, 자신은 그 아래인 좌승상을 맡았다.

　문제가 주발을 향해 물었다.

　"나라에서 일 년 동안 처리하는 결옥(決獄, 죄인에 대한 형사 소송 사건을 판결하던 일)이 얼마나 되오?"

　"미처 확인하지 못했습니다."

　"그렇다면 일 년간 전곡(錢穀, 재정) 출입은 어찌 되오?"

　"그 역시 확인하지 못했습니다."

　문제가 이번에는 진평을 향해 물었다. 그러자 그는 이렇게 말했다.

　"그런 일은 주관하는 관리가 따로 있습니다."

　"주관하는 관리가 누구요?"

　"재판은 정위(廷尉, 사법 담당 관리)가 담당하고 있으며, 국고 문제는 치속내사(治粟內史, 재정담당 관리)가 담당하고 있습니다."

　"그러면 좌승상이 주관하는 일은 무엇이오?"

"재상은 위로는 황제를 보좌하며, 아래로는 모든 백성이 잘살게 하고, 바깥으로는 사방의 오랑캐와 제후들을 다스리고, 안으로는 뭇 관리들에게 그 직책을 완수하게 해야 합니다."

"정말 훌륭한 답변이오. 부디, 그것을 명심해주길 바라오."

잠시 후 내전을 물러나면서 주발이 진평을 향해 말했다.

"어찌하여 그대는 내게 그렇게 대답하는 것을 가르쳐주지 않았소?"

왕에게 대답하는 법을 가르쳐주지 않은 진평을 나무라는 것이었다.

"그대는 승상 자리에 있으면서도 승상의 임무를 모르시오? 만일 폐하께서 장안의 도적 수를 물으면 억지로 대답하려고 했소?"

결국, 주발은 자신의 능력이 진평에게 미치지 못함을 알고 병을 핑계로 사직을 청했다. 문제는 주발의 마음을 헤아려 좌·우승상 자리를 없애고 진평을 유일한 승상으로 삼았다.

_《사기》〈진승상세가(陳丞相世家)〉 중에서

《중용》에 '시중지도(時中之道)'라는 말이 있다. '때에 맞는 도리'라는 뜻으로 '때에 맞는 도를 실천하며 살아야 한다'라는 말이다.

인생을 살면서 가장 어려운 일 중 하나가 그때그때 맞닥뜨리는 상황에 맞는 올바른 결정을 하는 것이다. 그 때문에 옛 성현들은 "사람은 때를 잘 알아야 한다"라고 가르치기도 했다. 때를 잘 알아야만 어느 한쪽으로 치우치지 않는 중용의 삶을 살 수 있기 때문이다. 하지만 그러기가 쉽지 않다. 무엇보다도 욕심이 그것을 가로막는다.

그런 점에서 진평은 지족(知足)을 아는 사람이었다. 그는 탐욕이 자신을 위태롭게 할 것이라는 것을 알았기에 주발에게 좌승상 자리를 과감하게 양보하고 한 발 뒤에 머물렀다. 그의 그런 삶은 정상을 향해 무조건 나아가기보다는 주변의 변화에 순응하면서 늘 자만하지 말고 겸손해야 함을 궁극적으로 깨우쳐 주고 있다.

사마천은 진평을 다음과 같이 평했다.

"진평은 마지막에 한 고조 휘하에 몸을 의탁하고, 항상 뛰어난 계책을 짜내어 환난으로부터 나라를 여러 차례 구했다. 여후의 시대는 바야흐로 다사다난했다. 하지만 진평은 스스로 앞장서서 한나라의 종묘를 편안하게 하고, 명예롭게 생애를 마쳐 어진 재상으로 추앙받았다."

▶▶▶ 만족할 줄 알면 욕되지 않는다

공자는 스물네 살에 관직을 그만뒀다. 그것이 자신이 가야 할 길이 아니라고 생각했기 때문이다. 지금의 기준으로 보면 가정은 돌보지 않고 오로지 자신만 생각한 매우 무책임한 가장임이 틀림없다. 하지만 그렇게 해서 그는 학문에 통달할 수 있었을 뿐만 아니라 최고의 스승으로 거듭날 수 있었다.

각재기소(各在其所). '모든 것은 각각 있어야 할 자리가 있다'라는 뜻이다. 모든 물건, 모든 사람은 있어야 할 자리에 있을 때만 제 가치를 누릴 수 있다. 아무 곳에나 머물러서는 안 된다. 아무리 좋은 물건이라도 제자리가 아닌 불필요한 자리에 있으면 그 가치를 잃을 수밖에 없기 때문이다. 문제는 끊임없는 탐욕이다. 그 때문에 자신과 어울리지 않는 자리임을 알면서도 욕심내는 경우가 많다. 하지만 분수에 맞지 않는 과욕은 잠시의 쾌락일 뿐, 곧 자리가 주는 고통을 느끼게 된다. 분수에 맞지 않는 과욕은 고통을 부르기 때문이다.

뭔가를 시작하면서 가진 바른 마음, 즉 '초심'이 중요하다는 사실을 모르는 사람은 거의 없다. 그것을 품었을 때만큼 우리 마음이 뜨겁게 불타오르고, 뭔가를 해내고자 하는 마음이 충만한 적은 없기 때문이다. 그만큼 순수하고 뜨겁다. 하지만 살면서 초심을 지키기란 절대 쉽지 않다. '나는 남들과 다르다'라는 자만과 끊임없는 탐욕에 사로잡히기에 십상이기 때문이다.

탐욕과 자만은 위기를 부른다. 나아가기만 하고 물러설 줄 모르는 것은 욕심 때문이며, 멈춰야 할 때 멈추지 못하는 것은 자만 때문이다. 따라서 그럴 때일수록 초심을 잊지 않아야 한다. 그래야만 제자리를 찾을 수 있다.

물극필반(物極必反),
넘침을 경계하라

물극필반(物極必反) __ '사물은 극에 달하면 반드시 되돌아오게 된다'라는 뜻으로 흥망성쇠는 반복되는 것이므로 모든 일에 지나치게 욕심을 부려서는 안 된다는 말.

'명암(明暗)'이란 말은 '밝음과 어두움'을 뜻한다. 하지만 거기에는 또 다른 뜻이 있다. '우리가 살면서 마주하는 기쁨과 슬픔, 행복과 불행'이 바로 그것이다. 불교에서는 스님들이 그 이치를 깨우치기 위해서 평생 수행하기도 한다. 얼핏 보기에는 아무것도 아닌 것 같지만, 그 속뜻을 제대로 헤아리기란 절대 쉽지 않다.

모든 사물은 극성기가 지나면 쇠퇴기를 맞는다. 어떤 일이건 극에 달하면 반전하는 게 세상의 이치다. 자연현상이 그렇고, 인간사 모든 일이 그렇게 이루어진다. 《주역》에서는 이를 '물극필반(物極必反)'이라고 한다. '사물이 극에 달하면 반드시 반전한다'라는 말로 세상만사 모든 일이 이 원리에 따라 흥망과 성쇠의 씨줄과 날줄로 엮어진다.

《사기》〈당서((唐書)〉에 다음과 같은 이야기가 있다.

중국 최초의 여황제인 측천무후(則天武后)는 본래 당 태종의 후궁이었지만, 태종이 죽은 후 그의 아들 고종(高宗)의 황후가 되었다. 이후 어린 중종(中宗)이 즉위하자 섭정을 시작했다. 하지만 섭정으로 만족하지 못한 그녀는 결국 중종을 폐위시키고, 스스로 황제가 되어 공포정치를 펼쳤다. 이에 참다못한 소안환(蘇安桓)이라는 대신이 다음과 같은 상소를 올렸다.

"무후께서는 비록 지금 황제 자리에 있지만, 사물이 극에 달하면 반드시 반전하고, 그릇도 가득 차면 넘친다는 사실을 아셔야 합니다(物極必反 器滿則傾)."

한마디로 무후의 퇴진을 권유하는 간언이었다. 하지만 이런 간언에 물러날 그녀가 절대 아니었다. 중요한 것은 그 서슬 퍼렇던 측천무후도 자기 뜻대로 모든 것을 이루지는 못했다는 점이다.

물극필반이 유래한 이 이야기는 지나친 욕심을 삼가고 스스로 경계해야 함을 말하고 있다.

당 태종이 위징을 향해 물었다.

"제왕 중에는 자손에게 제위를 넘긴 후 10대 이상 사직을 유지한 예도 있지만, 1대나 2대를 채 넘기지 못한 경우도 많소. 심지어 자기 대에서 제위를 잃는 사람도 적지 않소. 이를 생각하면 짐은 잠시도 마음 놓을 수가 없소. 백성들을 자애롭게 다스리고 있는지, 감정에 치우쳐 마음대로 하는 것은 아닌지 걱정되기 때문이오."

"현명한 사람이나 어리석은 사람이나 모두 희로애락을 느낍니다. 다만, 현명한 사람은 그것을 억제할 줄 알 뿐만 아니라 과하게 드러내지 않습니다. 하지만 어리석은 사람은 그것을 억누르지 못할뿐더러 결국 그로 인해 파멸에 이릅니다. 청컨대, 높으신 성덕으로 나라가 태평할 때도 위태롭고 어려울 때를 생각하십시오. 그렇게 성찰하고 경계하여 유종의 미를 거두시면 자자손손 폐하의 높으신 성덕을 우러러 받들 것입니다."

얼마 후 당 태종이 다른 신하에게 물었다.

"나라를 유지하는 것은 어려운 일이오, 쉬운 일이오?"

"매우 어려운 일입니다."

"아니, 인재를 등용해서 그들의 의견을 잘 들으면 되지 않겠소? 반드시 어렵다고만은 생각되지 않는데…."

그때 옆에 있던 위징이 말했다.

"지금까지의 제왕들을 되돌아보십시오. 나라가 위태로울 때는 인재를 등용하고 그들의 말에 귀 기울였지만, 나라의 기반이 웬만큼 닦이면 마음속에 교만함이 생겨 쓴소리에 더는 귀 기울이지 않았습니다. 그러다 보니 신하들 역시 자기 한 몸 지키는 데만 열중할 뿐 군주의 허물을 구태여 말하지 않게 되었고, 갈수록 국력은 쇠하고 말았습니다. 옛 성현들은 '안락한 곳에 있을 때 위태로움을 생각하라'라고 했습니다. 이는 나라가 안락하고 태평할 때 어렵고 위태로울 때를 생각하라는 것입니다. 신은 그래서 나라를 유지하는 일이 어렵다고 말씀드리는 것입니다."

그 말에 태종은 몇 번이나 고개를 끄덕였다.

_《정관정요》중에서

위징은 한 수 앞을 내다보는 신하로 안락함 뒤에는 위태로움이 반드시 올 것을 잘 알았다. 이에 태종이 조금이라도 과욕을 부리거나 스스로 경계하는 일을 게을리하면 직언을 서슴지 않았다. 그러다 보니 태종은 한때 그의 발소리만 들려도 겁을 냈을 만큼 스트레스를 받았고, 그를 만나는 것을 꺼렸다. 하지만 그가 죽자 통곡하며 신하들에게 다음과 같이 당부했다.

"사람을 거울로 삼는다면 잘잘못을 알 수 있는 법인데, 이제 위징이 죽었으니, 나는 거울을 잃었다. 위징이 없는 지금, 누가 있어 역린(逆鱗, 용의 비늘을 말하는 것으로 여기서는 '태종' 자신을 가리킴)을 거스를 것인가. 누구든 역린을 거스르는 것을 주저하지 말라."

위징이야말로 자신의 허물과 과욕을 바로잡아주는 양신이었음을 뒤늦게 알고, 누구든 그의 말과 행동을 본받아 자신을 깨우쳐 주기를 진심으로 바랐던 것이다.

'계영배(戒盈杯)'라는 잔이 있다. '넘침을 경계하는 잔'이라는 뜻이다. 계영배는 잔 밑에 구멍이 뚫려 있어 술을 어느 정도만 부으면 새지 않지만, 7할 이상 술이 차면 모두 밑으로 흘러내려 버린다. 지나친 욕심을 경계하는 셈이다.

공자의 언행과 제자들과의 대화를 정리한 《공자가어(孔子家語)》에도 그와 비슷한 이야기가 있다.

공자가 제나라 환공의 사당을 찾았을 때 그곳에서 속이 빈 채 기울어져 있는 그릇 하나를 발견했다. 공자가 아무것도 담겨 있지 않은 그릇이 기울어진 이유를 궁금하게 여기자, 사당지기가 이렇게 말했다.

"환공이 살아생전 항상 곁에 두고 보던 그릇입니다. 속이 비어 있으면 기울어지고, 속을 적당히 채우면 바로 서지만, 가득 채우면 곧 엎질러지고 맙니다. 환공은 이를 '유좌지기(宥坐之器, 곁에 두고 보는 그릇)'라고 이름 짓고, 스스로 지나침과 과욕을 경계했습니다."

그 말을 들은 공자는 크게 감탄하며 다음과 같이 말했다고 한다.

"세상 무엇이든 가득 채우면 넘치거나 엎어지게 마련이다. 사람의 마음 또한 이와 같으니, 항상 자신의 마음을 잘 다스려야 한다."

세상의 모든 일에는 절정기가 있는가 하면 내리막길이 있다. 아이러니하게도 내리막길의 징후는 절정에 올랐을 때 비로소 보인다. 또한, 새로운 성장의 싹은 역경과 시련에 처했을 때, 그것도 가장 밑바닥에 있을 때 움트는 법이다. 따라서 가장 평안하고, 일이 순조로울 때 장차 있을지도 모를 위험에 대비하고, 역경에 처했을 때 희망을 품고 새로운 것에 도전해야 한다.

지금 절정기에 있다고 해서 절대 교만해서는 안 되며, 일이 풀리지 않는다고 해서 절망해서는 안 된다. 세상 모든 일은 '사물의 전개가 극에 달하면 반드시 반전한다'라는 '물극필반'의 원리가 작용하는 법이다. 흥망성쇠는 반복하는 것이므로 어떤 일을 할 때 지나치게 욕심부려서는 안 된다.

선승구전(先勝求戰),
싸우지 않고 이기는 법

선승구전(先勝求戰) __ '먼저 이겨놓고 싸운다'라는 뜻으로 싸우기 전에 이길 수 있는 환경을 만들어야 한다는 말.

《손자병법(孫子兵法)》에 '선승구전(先勝求戰)'이라는 말이 있다. '싸우기 전에 이미 승리한다'라는 뜻으로 싸우기에 앞서 승리하기 위한 준비를 모두 한다는 말이다.

어려운 일에 맞닥뜨렸을 때 사람들의 반응은 크게 두 가지로 나뉜다. '해볼 만하다'와 '어차피 안 돼'라는 것이다. 직면한 문제를 긍정적으로 보느냐, 부정적으로 보느냐는 매우 큰 차이를 만든다. 긍정이 성공에 이르는 길이라면, 부정은 실패에 이르는 길이기 때문이다.

2만여 명에 불과했던 조조의 군대가 10만여 명에 이른 원소의 대군을 격파했던 관도대전(官渡大戰)을 앞두고 조조의 군사들은 큰 불안에 휩싸여 있었다. 이를 눈치챈 조조는 다음과 같이 말하며 군사들의 용기를 북돋웠다.

"걱정하지 마라. 승패는 군사의 수가 아니라 장수의 역량에 달려있다. 원소는 지혜가 없고 소심하다. 아무리 땅이 넓고 양식이 풍부해도 결국 우리가 이길 것이다."

그 말대로 조조의 군대는 대승을 거두었고 압도적인 세력을 형성해 중원의 패자로 거듭났다.

조나라의 명장 조사(趙奢)는 본래 조세 업무를 담당하던 하급 관리였다. 그는 강직한 원칙주의자로 엄격하게 법을 집행했다. 한번은 전국시대 사군자 중 한 사람인 평원군(平原君)이 자신의 권세만 믿고 세금을 내지 않자, 그 밑에서 일하는 아홉 명을 처형해버렸다. 평원군이 노발대발한 것은 당연했다.

조사가 평원군을 향해 말했다.

"귀족인 공이 세금을 내지 않으면 국법이 흔들립니다. 국법이 흔들리면 나라가 바로 설 수 없고, 그렇게 되면 제후들이 들고일어나 결국 나라가 없어질 것입니다. 하지만 공처럼 귀하신 분이 국법에서 정한대로 나라의 의무를 다하면 상하가 공평해지고, 나라는 더욱 강성해질 것입니다. 나라가 강성해지면 국력이 더욱 튼튼해지고, 공의 권세 역시 더욱 공고해질 것이니, 어느 누가 공을 가볍게 보겠습니까?"

그 말을 들은 평원군은 그가 예사 인물이 아님을 알고 즉시 혜문왕에게 추천했다. 이에 혜문왕은 그에게 나라 전체의 세금을 관장하는 일을 맡겼는데, 이후 국고가 점점 가득 차고, 백성은 부유해졌다.

그즈음, 한 가지 문제가 일어났다. 진나라가 조나라를 치기 위해 알여(閼與, 지금의 산시성 허순현)에 군대를 주둔시킨 것이다.

혜문왕이 장군 염파(廉頗)를 향해 물었다.

"알여를 구할 수 있겠소?"

"그곳은 길이 먼데다가 좁아서 어떤 방법도 무용지물입니다."

실망한 혜문왕은 장군 악승(樂乘)을 불러 똑같이 물었지만, 그 역시 염파와 똑같이 대답했다. 어쩔 도리가 없었다. 이대로 앉아 있다가 진나라 군대를 맞을 수밖에. 자신의 대에서 나라가 망한다는 생각에 이르자, 혜문왕의 얼굴은 슬픔과 분노로 가득했다.

그때 조사의 입에서 생각지도 못한 말이 흘러나왔다.

"길이 멀고 좁지만, 방법이 전혀 없는 것은 아닙니다. 거기서 싸우는 것은 마치 두 마리의 쥐가 쥐구멍 속에서 싸우는 것과 같습니다. 용감한 장수가 반드시 이길 것입니다."

혜문왕은 즉시 조사를 장군으로 삼아 알여를 향해 떠나게 했다. 궁중에서 30여 리쯤 떨어진 곳에 이르렀을 즈음, 조사는 그곳에 보루를 쌓고 병사들에게 군령을 내렸다.

"지금부터 군대의 일을 함부로 말하는 자는 사형에 처할 것이다."

그때 진나라 군대는 무안(武安) 서쪽에 주둔하고 있었는데, 북소리와 함성이 성안의 기왓장을 뒤흔들 정도였다. 진나라의 동태를 살피던 척후병이 속히 무안을 구하지 않으면 위험하다고 했지만, 조사는 무안을 향해 떠나는 대신 그를 참수해버렸다. 그러고는 보루를 더 단단히 쌓고 28일 동안 성 밖으로 나가지 않았다. 그러던 어느 날, 진나라의 첩자가 붙잡혔다. 하지만 조사는 그를 벌하는 대신 오히려 잘 대접해서 돌려보냈다. 첩자가 돌아가서 진나라 장군에게 이 일을 보고하자, 진나라 장군은 크게 기뻐하며 이렇게 말했다.

"도읍에서 겨우 30여 리밖에 떨어지지 않은 곳에 보루를 쌓고 싸울 생각도 하지 않으니, 알여는 더는 조나라 땅이 아니다."

하지만 이는 조사의 속임수였다. 진나라 첩자가 돌아가자마자, 그는 병사 1만여 명을 급히 진나라 진지가 있는 북산으로 보내 그곳을 점령해서 진나라 군대를 포위해 큰 승리를 거뒀다. 이 소식을 들은 혜문왕은 조사에게 마복군(馬服君)이라는 군호를 내렸고, 그를 염파, 인상여와 같은 반열에 올렸다.

_ 《사기》 〈염파인상여열전(廉頗藺相如列傳)〉 중에서

적을 이기려면 내게 유리한 곳으로 적을 유인해야 한다. 그런 곳에서는 긴장해서 제 실력을 제대로 발휘하지 못하기 때문이다.

비즈니스 협상에서 상대를 내가 원하는 시점이나 지역으로 오게 한 후 협상에 임하면 훨씬 유리하다. 인간관계 역시 마찬가지다. 강한 상대일수록 홈그라운드 밖으로 유인해야 한다. 그래야만 원하는 결과를 얻을 수 있다.

▶▶▶ 노자가 말하는 '가장 이상적인 리더'

뛰어난 리더일수록 자신의 능력을 함부로 자랑하거나 쉽게 드러내지 않는다. 오히려 약간의 빈틈을 보이며 상대를 안심시킨다. 얼핏, 바보처럼 보이지만, 이런 모습이야말로 자신을 지키는 가장 안전한 방법이다.

노자 역시 이와 비슷한 말을 했다.

"뛰어난 리더일수록 지모(智謀)를 깊숙이 감추고 있기에 겉으로 보면 바보처럼 보인다. 하지만 이것이야말로 리더의 이상적인 모습이다."

자신이 가진 모든 패를 아무런 여과 없이 드러내는 사람은 절대 고수(高手)라고 할 수 없다. 그런 사람일수록 상대하기가 오히려 쉽기 때문이다. 진짜 실력 있는 사람은 오만하지 않을뿐더러 함부로 경거망동하지 않는다.

운동경기에서 기선제압은 매우 중요하다. 실례로, 권투경기의 경우 링위에서 인사를 나눌 때 눈싸움에서 이미 승부가 결정되는 경우가 많다. 그러다 보니 대부분 선수가 상대의 눈을 피하지 않고 맞선다. 거기서 밀리면 경기 역시 밀린다고 생각하기 때문이다.

하물며 운동경기도 그러한데, 인생이라는 싸움은 어떻겠는가. 전장에 나가는 장수에게 필요한 것은 용기와 지혜이지 핑곗거리가 아니다. 이는 기업이나 조직 역시 마찬가지다. 처음부터 '안 될 것'이라고 단정 짓는 사람과 '그래 한 번 해보자'라며 용기 있게 덤비는 사람은 그 결과부터가 다르다. 설령, 똑같이 실패하더라도 주위 사람들이 대하는 태도가 달라진다.

어려운 일일수록 긍정적으로 바라보고, 그것을 해결할 방법을 철저히 찾아서 준비해야 한다. 즉, 조용히 계략을 가다듬고 실력을 길러야 한다. 그래야만 그것을 극복할 수 있다. 그런 점에서 볼 때 잘 알지도 못하면서 아는 척하거나 경거망동하는 것보다 차라리 어리석게 행동하거나 딴전을 부리는 편이 낫다. 어리석은 행동은 상대를 안심시키고 실수를 유발할 수 있기 때문이다. 관도대전에서 조조가 보인 지략이 그것을 증명하고 있다.

시지이성책(示之以誠策),
진심이 마음을 움직인다

시지이성책(示之以誠策) __ '정성을 다해 마음의 문을 여는 책략'이라는 뜻으로 말 한마디 한마디에 진심을 담아야 한다는 말.

춘추전국시대 일곱 나라, 즉 전국 7웅 중 최고 강대국은 진나라였다. 진나라는 상앙의 변법 이후 국력이 크게 신장해 범접할 나라가 없었다. 그러다 보니 진나라에 맞서기 위해 나머지 나라끼리 연합하는 일이 자주 있었다. 여섯 나라가 힘을 합쳐서 진나라에 대항하자는 소진의 '합종책(合縱策)'이 바로 그것이다.

결과적으로 합종책은 일시적이나마 큰 성공을 거두었다. 여섯 나라가 뭉쳐 대항하자, 진나라는 15년 동안 국경인 함곡관(函谷關) 밖으로 나오지 못했기 때문이다. 하지만 소진의 갑작스러운 죽음 이후 더는 합종책을 유지할 수 없었다. 그때 등장한 것이 바로 장의의 '연횡책(連衡策)'이었다. 장의는 여섯 나라 군주를 설득해 진나라와 평화조약을 맺게 했다. 그 결과, 동맹을 깨뜨리는 것은 물론 차례대로 멸망시키고 최초로 중국을 통일하는 데 성공했다.

소진과 장의의 글을 보면 감탄사가 저절로 나온다. 현란하고 교묘한 유세 기술을 엿볼 수 있기 때문이다. 누구라도 그들의 말에 설득당하지 않을 도리가 없을 정도다. 그만큼 두 사람은 군주들의 심리를 정확히 파악했고 능수능란하게 그들을 조종했다.

소진이 조나라 왕 숙후(肅侯)를 만나 합종책을 제안했을 때의 일이다. 계속해서 의심하는 숙후를 향해 소진은 합종책을 통해 패업을 이룰 수 있음을 누누이 강조했다.

소진이 숙후를 향해 말했다.

"나라의 정책은 백성을 편안하게 하는 것 이상 없습니다. 백성을 편안하게 하는 근본은 외교입니다. 제나라와 진나라를 모두 적으로 삼으면 백성이 절대 편안할 수 없으며, 진나라에 의지해서 제나라를 공격해도 마찬가지입니다. 조나라는 사방 이천여 리에 이르며, 군대 는 수십여만 명에 이릅니다. 전차가 1천 대, 군마는 1만 필이나 되며, 식량은 몇 년을 버틸 정도로 쌓여 있습니다. 북쪽에 연나라가 있지만, 워낙 약소국인 탓에 크게 신경 쓸 정도는 아닙니다. 따라서 진나라가 가장 두려워하는 나라는 조나라뿐입니다. 그런데도 진나라가 군사를 일으켜 조나라를 공격하지 않은 이유는 무엇 때문이겠습니까? 한나 라와 위나라의 기습이 두렵기 때문입니다. 한나라와 위나라는 조나라의 보호막이라고 할 수 있습니다. 그런데 만일 진나라가 한나라와 위나라를 친다면 어떻게 될까요? 얼마 지나지 않아 두 나라는 항복할 수밖에 없을 것이며, 진나라는 그 여세를 몰아 조나라마저 칠 것입니다.

지금 천하의 형세를 살펴보면 6국의 영토는 진나라의 다섯 배가 넘고, 군사의 수는 무려 열 배나 됩니다. 그러니 여섯 나라가 힘을 합치면 진나라가 꼼짝할 수 없는 것은 물론 대왕께서는 폐왕의 위업을 이룰 수 있을 것입니다.”

그 말에 문후가 크게 기뻐한 것은 두말할 필요 없다. 하지만 곧이어 이렇게 물었다.

“연횡책을 주장하는 이들에 대해서 어떻게 생각하시오?”

“그들은 사리사욕에 눈먼 자들일 뿐입니다. 그들은 진나라에 땅을 갖다 바친 후 얻을 부귀영화밖에 생각하지 않습니다. 나라의 흥망에는 전혀 관심이 없습니다.”

그러자 문후가 고개를 끄덕이며 말했다.

“내가 왕위를 물려받은 지 얼마 되지 않아 국가의 장래를 확실히 대비할 수 없었소. 그러나 오늘 그대의 말을 들으니 천하를 온전히 보존하는 비책이 있었구려. 내 기꺼이 그대의 의견을 따르겠소.”

_《사기》〈소진열전(蘇秦列傳)〉 중에서

소진은 춘추전국시대 말기를 대표하는 유세가 중 한 명이다. 그는 당시 각국이 처한 형세를 꿰뚫고 제후들을 직접 만나 입 하나로 천하를 움직였다. 그가 여섯 나라 군주들을 설득할 때 가장 자주 인용한 말은 '계구우후(鷄口牛後)'였다. 즉, '닭의 부리가 될지언정 소의 꼬리는 되지 말라'는 것이다. 한마디로 여섯 나라 군주의 자존심을 자극한 셈이다. 여기서 유래하여 '계구우후'는 큰 조직의 끝자리를 차지하기보다는 작은 조직의 우두머리가 되는 편이 낫다는 것을 비유하는 말로 쓰이게 되었다. 하지만 성공하는 듯했던 소진의 합종책은 귀곡자(鬼谷子) 문하에서 동문수학했던 친구 장의의 방해와 본인의 죽음으로 인해 결국 실패로 끝나고 만다.

장의가 가장 먼저 찾은 사람은 위나라 양왕(襄王)이었다. 당시 가장 소국이었던 위나라를 자극해서 진나라를 섬기게 하기 위해서였다.

"위나라는 사방 천 리가 되지 않고, 군대 역시 30여만 명에 불과합니다. 더욱이 사방이 평지다 보니 적의 공격을 막아내기가 매우 어렵습니다. 위나라는 동으로는 제나라와 접하고, 서로는 한나라, 남으로는 초나라, 북으로는 조나라와 접하고 있습니다.

지금 제후들이 합종책을 맺는 이유는 나라를 안정시키고, 군주의 지위를 보장받기 위해서입니다. 하지만 친형제조차 재물을 두고 다투는 법인데, 시세에 따라 이리저리 변하는 소진의 하찮은 계책이 성공할 리 없습니다. 그 실패는 보지 않아도 뻔합니다.

만일 지금 진나라를 섬기지 않으면 진나라는 곧바로 군대를 일으켜 위나라를 공격할 것입니다. 과연, 이때 어느 나라가 위나라를 구원할 수 있겠습니까? 생각건대, 어느 나라도 나서지 않을 것입니다. 진나라의 보복이 두렵기 때문입니다.

합종책은 말장난에 불과합니다. 최고의 상책은 진나라를 섬기는 것입니다. 그렇게 되면 대왕께서는 근심이 없이 베개를 높이 베고 편안히 주무실 수 있습니다.

합종책을 말하는 자들은 말주변은 좋지만, 믿을 수가 없습니다. 그들은 제후 한 명을 설득하면 높은 벼슬과 수많은 재물을 얻기에 수많은 이유를 말하며 군주를 설득합니다. 하지만 가벼운 깃털도 많이 실으면 배가 가라앉고, 가벼운 물건도 많이 실으면 수레가 부서지며, 여러 사람이 떠들면 쇠도 녹고, 비난을 계속 받으면 뼈도 삭기 마련입니다. 부디, 잘 생각해서 나라를 보존하시길 바랍니다.”

장의의 말을 들은 양왕은 결국 여섯 나라와의 동맹을 깨고 진나라를 섬기기로 했다.

_《사기》〈장의열전(張儀列傳)〉 중에서

장의는 강대국 진나라 재상으로 활약하며 합종책을 와해함으로써 진나라가 천하 통일하는 데 결정적인 공헌을 했다.

소진보다 뛰어난 역량을 발휘했던 그는 각국의 제후들을 찾아다니며 자신의 이론을 전했지만, 번번이 실패하기 일쑤였다. 심지어 초나라에서 '화씨의 벽'을 훔쳤다는 억울한 누명을 쓴 적도 있다. 하지만 그는 그런 모욕과 치욕을 속으로 삭이며 다시 일어선다.

소진이 원칙주의자라면, 그는 능수능란한 임기응변의 달인이었다. 그만큼 상황 변화에 대처하는 능력이 뛰어났다.

▶▶▶ 설득의 귀재, 소진의 7가지 책략

종횡가(縱橫家)들이 군주의 마음을 얻을 수 있었던 것은 상황에 대한 뛰어난 안목과 그런 안목을 펼쳐내는 계책, 그리고 뛰어난 설득술을 지녔기 때문이다. 그 대표적인 인물이 바로 귀곡자다. 소진과 장의가 합종책과 연횡책으로 각국 제후들에게 유세해 천하에 이름을 날린 것은 그의 가르침을 따른 결과다.

소진은 여섯 나라 군주를 설득하기 위해 다음 7가지 책략을 사용했다.

첫째, 열지이예책(悅之以譽策). 장점을 칭찬해서 기쁘게 하는 책략

둘째, 시지이성책(示之以誠策). 정성을 다해 마음의 문을 여는 책략

셋째. 명지이세책(明之以勢策). 상황을 명확하게 말함으로써 객관적으로 판단하게 하는 책략

넷째, 유지이리책(誘之以利策). 이권으로써 상대를 유혹하는 책략

다섯째, 협지이해책(脅之以害策). 협조하지 않으면 해가 따를 것이라고 협박하는 책략

여섯째, 격지이언책(激之以言策). 자존심을 건드려서 마음을 흔드는 책략

일곱째, 역배이의책(力排異議策). 결단하지 못할 때 밀어붙이는 책략

이런 소진의 책략은 지금 들어도 저절로 고개가 끄덕여질 정도다. 설득에 있어 그보다 적확한 방법은 없기 때문이다.

장의 역시 소진과 크게 다르지 않았다. 합종책과 연횡책이라는 말만 다를 뿐, 두 사람은 상대의 관심사를 살피고, 그가 무엇을 원하는지를 헤아려 마음을 흔드는 교묘한 계략을 구사했다.

누군가와 협상하거나 원하는 바를 상대가 허락하도록 설득할 때 소진의 7가지 책략은 매우 유용하다. 많은 이들이 이를 응용해서 설득과 협상에서 적지 않은 성과를 올리고 있다.

사람 마음을 얻고 설득하기란 절대 쉬운 일이 아니다. 공자 역시 자신을 알아주는 사람을 찾아서 오랜 세월 방황했을 뿐만 아니라 자신을 인정해준다면 적국에 가담할 생각까지 했을 정도다.

설득의 어려움에 대해서 한비자는 이렇게 말한 바 있다.

"설득이 어려운 이유는 지식이나 언변이 부족해서도 아니고, 용기가 없어서도 아니다. 상대방의 마음을 헤아려서 거기에 맞추는 일이 어렵

기에 설득이 어려운 것이다."

　하지만 사람 마음을 읽는다는 것이 그리 쉬운 일은 아니다. 상대의 마음을 제대로 파악하지 못하면 오히려 역효과가 날 수도 있다. 그런데도 우리가 정성을 다해 상대의 마음의 문을 열어야 하는 이유는 자명하다. 그것이 한 번의 싸움보다 훨씬 덜 소모적이고 유용하기 때문이다.

일일삼과(一日三過),
하루에 세 번 왕을 꾸짖은 이유

일일삼과(一日三過) _ '하루에 세 번의 잘못한 일을 지적했다'라는 뜻으로 잘못이 있으면 누구에게 나 직언을 한다는 말.

　　지록위마(指鹿爲馬) '사슴을 가리켜 말이라고 한다'라는 뜻으로 윗사 람을 농락하고 함부로 권세를 부리는 것을 비유하는 말이다

　　진시황이 순행 도중에 죽자, 환관 조고(趙高)는 조서를 거짓으로 꾸며 태자 부소(扶蘇)를 죽이고, 호해(胡亥)를 황제로 내세워 권력을 장악했 다. 하지만 많은 신하가 자신을 따르지 않고 의심하자, 그들을 시험하기 위해 황제에게 사슴을 바치면서 이렇게 말했다.

　　"폐하, 신이 말(馬)을 바치니 부디 거두어 주십시오."

　　그러자 몇몇 사람이 그것은 말이 아니라 사슴이라며 그를 비웃었다. 이에 그는 그들을 모두 기억해두었다가 암암리에 처형했다. 그때부터 궁중에는 그의 말에 반대하는 사람이 아무도 없었다.

조직이 잘못된 방향으로 가고 있을 때 누군가 나서서 거침없이 한마디 할 수 있을 때 조직은 발전한다. 또한, 그런 조직일수록 건강하다.

리더의 말에 무조건 'OK'하는 조직과 사람은 멀리하는 것이 좋다. 그런 조직과 사람은 개인적인 이익과 출세에만 매달리는 기회주의자일 확률이 높기 때문이다. 조직이 발전하려면 리더가 잘못된 길을 갈 때 과감하게 직언하는 사람이 필요하다. 나아가 그런 사람이야말로 조직을 진정으로 아끼고 사랑하는 사람이라고 할 수 있다. 그들의 의견을 귀담아 들어야 하는 이유 역시 바로 거기에 있다.

사마천이 《사기》를 쓰면서 역사 속에 명멸해간 수많은 인물 중 유독 존경했던 사람이 있다. 바로 안영이다. 사마천은 그를 존경하는 마음을 담아 이렇게 말했다.

"그와 함께라면 그의 마부가 되어도 좋다."

안영은 5척 단신에 용모 역시 보잘것없었지만, 성품이 매우 바르고 강직해 군주의 잘못을 보면 주저하지 않고 직언했다. 그가 제 경공(景公)의 잘못을 하루에 세 차례나 지적한 일은 지금까지도 직언의 모범으로 회자할 만큼 유명하다.

경공이 제나라를 유람하던 중 갑자기 눈물을 흘리며 말했다.

"이처럼 광활한 나라를 두고, 어찌 죽을 수 있겠소?"

그러자 곁에 있던 사람들 역시 눈물을 흘렸지만, 단 한 사람만 웃었다. 재상 안영이었다.

경공이 의아한 얼굴로 그에게 물었다.

"모두가 과인을 따라 우는데, 그대만이 홀로 웃고 있으니 무슨 연유요?"

"인의(仁義)를 지닌 이에게 죽음이란 영원한 안식이지만, 불인(不仁)한 이에게 죽음은 영원한 제재입니다. 옛사람이 모두 살아있다면, 정공(丁公)이나 태공(太公)이 아직도 제나라를 통치하고 있을 것이며, 환공(桓公), 양공(襄公), 문공(文公)은 그들을 보좌하고 있을 것입니다. 또한, 대왕께서는 삿갓을 쓴 차림으로 농기구를 들고 밭에서 일하고 계실 것입니다. 지금의 대왕이 있는 것은, 모든 사람이 차례로 죽음을 맞았기 때문입니다. 그런데 그런 일로 눈물을 흘려서야 되겠습니까? 눈물을 흘리는 것은 인의가 없기 때문입니다. 저는 지금 어질지 못한 임금과 아첨하는 신하들을 보고 있습니다. 이것이 제가 웃는 까닭입니다."

_《사기》〈안자열전〉 중에서

그 말을 들은 경공은 부끄러워서 어떤 말도 할 수 없었다고 한다. 그만큼 안영은 직언을 서슴지 않았다. 하지만 비꼬기보다는 적절한 비유를 통해 경공 스스로 깨닫게 했다. '남귤북지(南橘北枳)', '곡격견마(轂擊肩摩)', '양두구육(羊頭狗肉)', '이도살삼사(二桃殺三士)' 등의 고사성어는 그와 경공의 대화에서 비롯된 것이다. 그런 안영이 죽자, 경공은 눈물을 흘리며 이렇게 한탄했다.

"예전에 경이 하루에 세 번이나 짐의 잘못을 지적했는데, 이제 누가 있어 나를 바로 잡아주겠는가."

관중의 죽음 이후 쇠락의 길을 걷던 제나라가 제2의 전성기를 열 수 있었던 것은 그런 안영이 있었기 때문이었다.

경공(頃公)이 안영을 향해 물었다.

"충신은 군주를 어떻게 모셔야 하오?"

"충신은 군주가 위험할 때 그를 위해 죽지 않고, 군주가 망명할 때 그를 위해 배웅하지 않습니다."

"그 까닭은 무엇이오?"

"신하의 직언이 받아들여져 올바로 행해지면 평생 위험할 리 없는데, 신하가 군주를 위해 죽는 일이 왜 있으며, 신하의 간언이 받아들여지면 평생 망명할 필요가 없는데, 신하가 군주를 위해 배웅할 일이 어찌 있겠습니까? 신하의 직언이 받아들여지지 않아 군주가 위험에 처했는데도 그를 위해 죽는 것은 헛된 죽음이며, 신하의 간언을 받아들이지 않은 군주가 망명할 때 배웅하는 것은 거짓된 충성일 뿐입니다."

_《사기》〈안자열전〉 중에서

바른말을 하는 강직한 사람과 아첨을 일삼는 간악한 사람은 그 모습만 달리할 뿐 우리 곁에 항상 존재한다. 개인의 수양에서 천하의 질서에 이르기까지 도덕의 근원이 되는 '효(孝)'에 대해 깊이 있게 설명하는《효경(孝經)》에 다음과 같은 말이 있다.

"천자(天子)에게 직언하는 신하 일곱 명이 있으면 비록 자신이 도(道)가 없다 할지라도 천하를 잃지 않는다. 제후(諸侯)에게 직언하는 신하 다섯 명만 있으면 비록 제후가 도가 없더라도 나라를 잃지 않는다. 대부(大夫)가 직언하는 가신 세 명을 두고 있으면 비록 막되어 먹었더라도 집을 잃지 않는다. 선비에게 직언하는 친구가 있으면 명예가 몸에서 떠나지 않으며, 아버지에게 직언하는 자식이 있으면 그 아버지는 불의에 빠지지 않는다. 그런 까닭에 불의를 당하면 자식은 아버지에게 간하지 않을 수 없고, 신하는 임금에게 간하지 않을 수 없다."

▶▶▶ 뛰어난 리더는 혼자 만들어지지 않는다

직언과 간언은 입에 쓴 약과도 같다. 그러다 보니 많은 사람이 쓴 말보다는 달콤하고 듣기에 좋은 말을 듣고 싶어라 한다. 하지만 달콤한 말의 효과는 거기까지다. 그것을 좋아하는 사람일수록 오래가지 못한다. 자신의 실수를 바로잡을 수 없을뿐더러 무엇이 진실인지, 다른 사람이 진정으로 원하는 것이 무엇인지 알 수 없기 때문이다.

사실 직언이 어렵고 불편한 것은 듣는 사람뿐만 아니라 말하는 사람 역시 마찬가지다. 어쩌면 말하는 사람이 더 부담스러울 수도 있다. 잘못하면 목숨을 잃을 수도 있기 때문이다.

위나라의 명장 오기(吳起)는 오자(吳子)라고 불리며 중국 역사상 가장 뛰어난 명장으로 꼽힌다. 그는 평소 냉혈한이라고 불릴 만큼 차가운 사람이었지만, 전장에서는 병사들의 상처를 입으로 직접 빨아줄 만큼 전략과 전술의 달인이었다. 수많은 전투에서 단 한 번도 진 적이 없어서 상승장군(常勝將軍, 싸움에서 늘 이기는 장수)이란 별칭을 얻기도 했다. 하지만 그를 더욱 빛나게 한 것은 직언이었다.

그가 위 무후(武侯)와 함께 서하(西河)를 둘러볼 때의 일이다.

서하의 절경을 바라보던 무제가 오기를 쳐다보며 말했다.

"장군, 산과 강의 지형이 참으로 아름답지 않소? 이것이야말로 우리의 보배요."

그러자 오기가 말했다.

"폐하, 나라의 보배는 험준한 지형이 아니라 위정자의 덕입니다. 하나라 걸왕이 살던 곳은 왼쪽에 황하가, 오른쪽에 태산과 화산이 있었고, 남쪽에는 이궐산(伊闕山)이, 그리고 북쪽에는 양장산(羊腸山)이 있었습니다. 하지만 정치가 어질지 못해 결국 탕 임금에게 쫓겨나고 말았습니다. 또한, 은나라 주왕은 왼쪽에 맹문산(孟門山)이, 오른쪽에 태항산(太行山)이 둘러싸고 있었으며, 상산(常山)이 그 북쪽에 있고, 대하(大河)가 그 남쪽에 흘렀습니다. 하지만 덕이 없어 주나라 무왕에게 죽임을 당하고 말았습니다. 만일 지금 대왕께서 덕을 등한시하시면 이 배에 타고 있는 사람들조차 적국에 가담할 것입니다."

_《사기》〈오기열전〉 중에서

조직이 건강하고 발전하려면 오기와 같은 이들이 필요하다. 리더의 처지에서 보면 지금 당장은 그들의 존재가 부담스럽고 껄끄럽지만, 그들이 있음으로써 조직이 훨씬 건강하고 활력 넘친다는 사실을 알아야 한다. 나아가 리더 역시 그들로 인해 잘못을 바로잡을 수 있다.

건강한 조직일수록 다양한 사람의 말을 경청하고, 말을 아끼지 않는다. 건강한 조직은 직언하는 부하와 그것을 겸손하게 받아들이는 리더가 함께 만드는 것이기 때문이다.

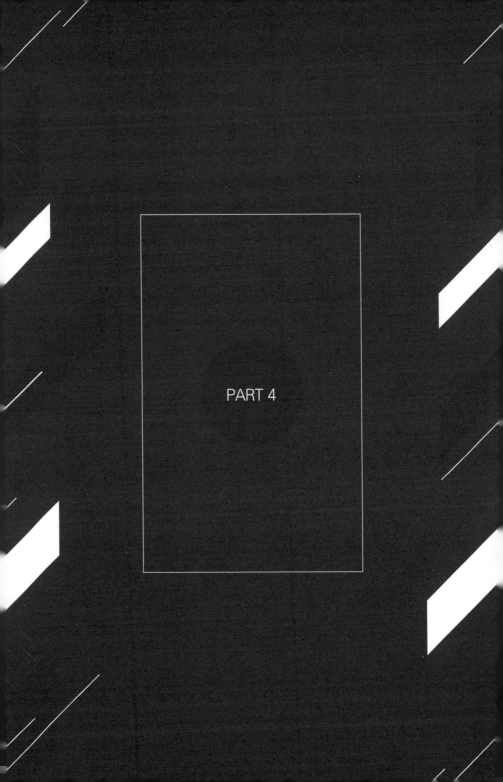

PART 4

위 임,

委 任

믿고 맡겨야 한다

위임(委任).

사람을 썼으면 절대 의심하지 말고, 믿고 맡겨야 한다.
의심하려면 차라리 처음부터 쓰지 않는 것이 옳다.
의심하는 리더는 사람을 키울 수 없을뿐더러 절대 존경받을 수 없다.

오수척 천하비(吾雖瘠 天下肥),
나는 야위었으나, 천하는 살쪘다

오수척 천하비(吾雖瘠天下肥) _ '나는 야위었으나 천하는 살쪘다'라는 뜻으로, 당 현종이 재상 한휴를 모함하던 신하들에게 한 말.

예로부터 성군(聖君)과 현신(賢臣)은 불가분의 관계이다. 뛰어난 참모 없는 훌륭한 군주 없고, 훌륭한 군주 밑에 못난 참모가 없기 때문이다. 하지만 신하의 간언을 받아들이는 것은 말처럼 쉽지 않다. 왜냐하면, 군주는 위엄이 있어야 하는데, 다른 사람의 말을 들어준다는 것 자체가 위엄에 손상가는 일이기 때문이다.

개원지치(開元之治). 당 현종(玄宗) 재위 시기의 태평성대를 일컫는 말이다. 현종은 즉위 초 요숭(姚崇), 송경(宋璟) 같은 신하들을 재상으로 기용하고 선정을 폄으로써 중국 역사상 가장 빛나는 치세를 기록했다.

현종 21년, 한휴(韓休)가 재상이 되었다. 현종은 자신이 지나치게 쾌락을 즐긴다는 생각이 들 때면 스스로 마음을 다잡으며, 신하들을 향해 다음과 같이 묻고는 했다.

"지금 이 사실을 한휴가 아는가, 모르는가?"

하지만 말이 끝나기가 무섭게 그의 상소가 올라오곤 했다. 그러자 한휴를 시기하는 이들이 하나둘 나타났다.

"폐하, 한휴가 재상이 된 후 옥체가 부쩍 쇠약해지셨습니다."

그 말에 현종은 쓴웃음을 지으며 항상 이렇게 말했다.

"비록 짐은 야위었지만, 천하는 태평하고, 백성은 살쪘소(吾雖瘠 天下肥)."

_《신당서(新唐書)》 중에서

한휴는 현종이 조금이라도 잘못하면 그 앞에서 직언할 만큼 올곧은 소신을 지닌 신하였다. 현종이 조금이라도 엇나가면 한휴는 득달같이 달려들어 '아니 되옵니다'라고 외치곤 했다. 그러다 보니 현종의 마음 역시 늘 편치만은 않았다. 몸이 바싹바싹 마를 정도였다. 그만큼 한휴의 눈치를 살펴야만 했다. 그만큼 현종은 한휴를 어려워했다. 그런데도 그가 그를 인정할 수밖에 없었던 이유는 그가 하는 말이 모두 옳았기 때문이다.

많은 군주가 권력을 갖게 되면 오만에 빠져 쓴소리에 귀 기울이지 않는 점을 고려하면, 이 이야기는 당의 전성기를 이끈 현종이 어떤 리더였는지 잘 보여주고 있다. 그는 충신의 쓴소리를 마다하지 않는 마음이 열린 군주였다. 심지어 "한휴의 말을 듣고 자리에 누우면 편히 잠이 든다"라며 그의 간언을 달게 여겼을 정도였다.

▶▶▶ 의심 많은 리더는 성공할 수 없다

신하의 충언과 간언을 의심하고 받아들이지 않는 군주는 현군이나 명군이 절대 될 수 없다.

《전국책》에 '식양지서(息壤之誓)'라는 말이 있다. 진나라 무왕과 재상 감무(甘茂)가 식양성에서 맺은 맹세를 가리키는 말로 군주와 신하의 신뢰가 얼마나 중요한지 말해준다.

무왕이 감무에게 한나라를 공격하라고 명했을 때의 일이다. 공격에 앞서 무왕이 미덥지 못했던 감무는 다음과 같은 이야기를 했다.

"옛날에 공자의 제자 증삼과 이름이 똑같은 자가 살인을 했습니다. 이에 누군가가 증삼의 모친에게 "증삼이 살인했다"라고 했습니다. 하지만 그 모친은 조금도 흐트러지지 않고 베를 계속 짰습니다. 얼마 후 또 한 사람이 "증삼이 사람을 죽였다"라고 했지만, 역시나 마찬가지였습니다. 그런데 얼마 후, 또 다른 사람이 "증삼이 사람을 죽였답니다"라고 하자, 그 모친이 짜던 베를 끊고 달아났다고 합니다. 증삼은 어진 사람이었고, 증삼의 모친은 아들을 굳게 믿었습니다. 하지만 세 사람이 "증삼이 살인을 저질렀다"라고 거듭 말하니, 결국 그 말을 믿을 수밖에 없었던 것입니다.

단언컨대, 저는 증삼만큼 어질지 못하고, 저에 대한 대왕의 믿음 역시 증삼의 모친만 못 합니다. 제가 한나라로 출병한 후 저를 모함하는 사람이 어찌 세 사람뿐이겠습니까? 행여나 대왕께서 증삼의 모친처럼 그들의 말만 믿고 저를 내치지 않을까 심히 두렵습니다."

그 말에 무왕은 '어떤 일이 있어도 의심하지 않겠다'라며 감무에게 약속했다. 하지만 얼마 후 감무가 우려했던 일이 결국 일어나고 말았다. 무왕이 주위의 모함만 믿고 감무의 병권을 박탈하려고 한 것이다. 이에 감무는 믿음이 그렇게 짧았다면 자신을 쓰지 말았어야 했다며 진왕을 향해 진언했다.

_《전국책》 중에서

《명심보감(明心寶鑑)》에 "사람이 의심스럽고 미덥지 않으면 등용하여 쓰지 말고, 일단 등용하였으면 의심하거나 회의하지 말라(疑人莫用 用人勿疑)"라는 격언이 있다.

이는 조직에도 그대로 적용된다. 특별한 상황이 아니면 실무자에게 모든 것을 일임해야 한다. 그래야만 책임감을 느끼고 끝까지 일을 마무리할 수 있을 뿐만 아니라 조직 역시 성장한다.

손자(孫子)는 "한번 맡겼으면 끝까지 믿어라"라는 말을 통해 신뢰의 중요성에 대해 다음과 같이 역설하고 있다.

"속속들이 간섭하는 군주가 있는 나라의 군대가 후방에 대해 의혹과 회의를 품의면 이웃 나라 제후들이 이 틈을 타서 공격할 것이니, 이것은 군주가 자신의 군대를 혼란에 빠뜨리고 적에게 승리를 안겨주는 우를 범하는 일이다(三軍旣惑且疑, 則諸侯之難至矣, 是謂亂軍引勝)."

나 자신을 허물없이 대하는 이들의 말 역시 절대 흘려들어서는 안 된다. 거기에 우리가 그렇게 찾아 헤매는 삶의 정답이 있을지도 모르기 때문이다.

지지(知止),
그칠 줄 알아야 한다

지지(知止) __ '멈출 줄을 안다'라는 뜻으로 자기 본분을 알고 그칠 줄을 알아야 한다는 말.

《사기》를 보면 수많은 리더가 등장한다. 제왕만 90여 명에, 제후는 무려 200여 명이 넘는다. 참모의 수는 헤아리기 힘들 정도다. 사마천은 그 수많은 리더 중 가장 이상적인 리더로 제왕으로는 요 · 순과 한 문제를, 참모로는 장량을 꼽았다.

소하, 한신과 함께 한나라 개국 공신인 '한초삼걸(漢初三傑)'로 꼽히는 장량은 지혜로운 참모의 대명사인 '장자방(張子房)'으로도 불린다.

그는 항우에게 크게 밀리던 한 고조를 도와 함양을 돌파하게 하고, 홍문의 연회(鴻門之宴)에서 고조의 목숨을 구하는 등 많은 공을 세웠다. 만일 그가 없었다면 중국의 역사는 크게 달라졌을 것이다. 하지만 한신이 '전쟁의 신', 소하가 '위대한 재상'으로 그 역할이 뚜렷한데 비해 그의 역할은 사뭇 두드러지지 않다. 그렇다고 해서 그가 존재감이 없었던 것은 아니다.

그는 고조가 내린 거의 모든 결정에 관여했다. 주목할 점은 고조가 여러 공신을 의심하고, 심지어 소하마저 의심한 적이 있지만, 그에게만은 절대적인 신임을 보였다는 점이다. 그의 제안을 고조가 단 한 번도 거절한 적이 없다는 것이 그 방증이다. 그의 말을 듣고 고민한 적도 없었다. 그만큼 그에 대한 고조의 신뢰는 상상을 초월하는 수준이었다.

본래 그의 집안은 대대로 재상을 지낸 명문가로 그 역시 조정에 나아가기 위해 열심히 학문을 닦았지만, 진시황에 의해 나라가 멸망 당하자 그 꿈을 접고 고조의 참모가 된다. 나라를 잃은 설움을 되돌려주기 위해서였다.

어쩌면 그에게 있어 고조는 목적 실현을 위한 도구에 불과했는지도 모른다. 하지만 절대 앞서지 않고, 리더의 뒤를 든든하게 받쳐주며, 부족한 점을 채워주는 참모의 길을 걸으며 자신의 본분을 잊지 않았다. 그것이 그가 역사상 최고의 참모 중 한 명으로 꼽히는 이유다.

장량의 사당 한쪽 바위에는 '성공불거(成功不居, 성공한 자리에 오래 머물지 않는다)'와 '지지(知止, 자기 본분을 알고 그칠 줄을 안다)'라는 글이 새겨져 있다. 끝없는 탐욕을 경계하는 말로 우리에게 물러남과 멈춤의 지혜를 전하고 있다.

장량이 한신의 반란을 진압한 소하를 상국에 추천했을 때의 일이다. 많은 사람이 자신의 공을 왜 남에게 돌리느냐고 하자, 그는 이렇게 말했다.

"우리 집안은 대대로 한나라의 재상을 지냈다. 하지만 진나라에 의해 한나라가 멸망하자, 만금의 재산을 아까워하지 않고 한나라를 위해 강포한 진나라에 원수를 갚으려고 하다가 천하를 진동시켰다.

오늘 이 세 치 혀로 황제의 스승이 되고, 만 호의 봉읍을 받았으며, 그 지위는 열후(列侯)에 이르렀으니, 이는 포의(布衣)로 시작한 사람으로서는 지극히 높은 자리에 오른 것이라, 나는 이것을 매우 만족스럽게 생각하고 있다. 하여 이제는 인간 세상의 일을 모두 잊어버리고 적송자(赤松子, 전한 시대의 신선)의 뒤를 따라가 노닐고자 한다."

_《사기》〈유후세가(留侯世家)〉중에서

책략과 전술에 있어 장량을 따를 만한 사람은 없었다. "장막 안에서 계략을 꾸미며 천 리 밖의 승리를 얻는다"라는 말 역시 그의 신묘한 책략을 두고 말하는 말이다.

그는 한낱 변방의 건달에 지나지 않았던 유방을 한나라의 황제로 만든 일등 조력자였다. 유방의 군사(軍師)로서 중요한 작전이나 정책 결정에 참여해 거침없는 직언을 서슴지 않았으며, 중원 전체의 형국을 염두에 두고 항우의 군대와 일전을 벌였다. 이에 많은 이들이 "한 고조가 장자방을 쓴 것이 아니라, 장자방이 한 고조를 쓴 것이다"라며 그를 치켜세우고는 한다.

서초 패왕 항우를 마지막으로 몰아넣었던 '사면초가' 전술 역시 그의 머리에서 나왔다. 하지만 그는 참모 역할에만 머물렀을 뿐, 절대 나서지 않았다. '욕심부릴수록 다친다'라는 권력의 생리를 누구보다도 잘 알았기 때문이다. 천하 통일 후 고조가 하사한 엄청난 규모의 영지를 사양한 것은 물론 벼슬자리에서도 물러나 유유자적한 삶을 즐겼다.

　범려(范蠡) 역시 멈춰야 할 때를 잘 알았다. 월(越) 왕 구천(句踐)이 22년 만에 와신상담(臥薪嘗膽)의 숙적 오나라를 멸망시킨 데는 그의 역할이 매우 컸다. 이에 구천은 그를 최고 직책인 상장군에 임명했지만, 끝까지 벼슬을 사양했다. 구천이 위험한 인물이라고 생각했기 때문이다.

　'이미 목적을 달성한 군주 곁에 오래 있는 것은 위험하다. 구천은 고생을 함께할 수는 있어도 편안함을 함께 나눌 수는 없는 사람이다.'

　그는 벼슬을 사양하며 구천에게 다음과 같은 편지를 썼다.

　"군주께서 괴로워하실 때 몸이 부서지도록 일해야 하며, 군주께서 모욕을 당하실 때는 생명을 내던져야 하는 것이 신하의 도리입니다. 회계산(會稽山)에서 대왕께서 치욕 당하시는 것을 보면서도 생명을 이어온 것은 오직 오나라에 복수하기 위해서였습니다. 그것이 이루어진 지금 마땅히 그 죄를 달게 받겠습니다."

　편지를 본 구천은 즉시 그에게 답장을 보냈다.

　"무슨 말을 하는 것인가? 나는 나라를 둘로 나누어 그대와 둘이서 다스리려고 하는데, 내 말을 듣지 않으면 죽여서라도 듣게 하겠네."

하지만 그는 미련 없이 월나라를 떠나 회계산으로 들어갔다.

구천에게 있어 범려는 오나라를 멸망시킨 공신 중의 공신이었다. 하지만 그는 미련 없이 월나라를 떠났다. 함께 고생했던 동료 문종(文鐘)에게도 '새를 잡고 나면 활을 거둬들이고, 토끼를 다 잡으면 사냥개를 삶아 먹는다(兎死拘烹)'라는 고사를 인용하며 월나라를 떠날 것을 권유했지만, 그는 그 말을 단번에 거절했다. 결국, 오나라를 떠나 제나라로 간 그는 재상에 올라 난세의 정치가로 이름을 떨쳤지만, 월나라에 남은 문종은 역모를 꾀했다는 구천의 의심을 받아 자결해야 했다.

이렇듯 장량이나 범려처럼 지지(知止)의 지혜를 실천해서 살아남은 사람이 있는가 하면, 한신, 팽월(彭越), 경포(黥布)처럼 끝까지 욕심부리다가 비극적으로 삶을 마감한 사람도 적지 않기 때문이다. 생각건대, 대부분이 후자에 속한다. 그만큼 지지의 삶을 살기란 쉽지 않은 일이다.

────────────────

▶▶▶ 처세의 달인, 장량의 처세술

장량의 처세술을 극명하게 보여주는 이야기가 있다. 바로 한의 개국공신 서열이다.

수십 년간 한 고조 유방을 도와 삶과 죽음의 경계를 넘나드는 공을 세운 참모는 수백 명이 넘었다. 고조는 개국 공신 서열 1위에 소하를, 2위에는 조참(曹參)을 지명했다. 막강한 무공으로 항우와의 모든 전투를 승리로 이끈 한신은 21위였다. 그렇다면 고조의 책사였던 장량의 서열은 과연 몇 위였을까.

장량의 개국 공신 서열은 62위였다. 이는 그의 처세술이 보통의 경지를 넘어 달인에 이르렀음을 보여주는 것이다.

그의 처세술의 특징은 적을 만들지 않는 것이었다. 그는 이를 '방원(方圓, 모난 것과 둥근 것을 아울러 이르는 말)'이라고 했다.

"모든 인간관계나 처세의 기본은 바로 방원이다. 즉, 모나지만 절대 모나지 않게 둥글게 보이는 것이다. 모가 있는 사각 모양의 테를 수십 개를 쌓아 올리다 보면, 어느덧 그것의 전체 모양이 둥글게 변하는 것을 알 수 있다. 바로 이것이 세상을 사는 이치이다."

모나지만, 둥글게 보이는 것은 매우 어려운 일이다. 자신의 존재감을 잃지 않으면서도 누가 봐도 그것이 날카로워 보이지 않게 해야 하기 때문이다. 그러자면 자신을 잘 다스려야 한다.

진불구명 퇴불피죄 유인시보(進不求名 退不避罪 惟人是保). '앞으로 나아가는 데 있어 명예를 구하지 말고, 후퇴를 결정하는 데 있어 죄를 피하려고 하지 말며, 오직 목숨을 지키는 것을 그 기준으로 삼아야 한다'라는 뜻이다. 즉, 모든 진퇴의 판단 기준은 생명을 지키는 것을 기준으로 해야 한다는 것이다.

공자의 말을 기록한 《논어(論語)》 역시 나아감과 물러섬의 처신에 대해서 이렇게 말하고 있다.

"천하에 도가 있으면 나아가서 능력을 발휘하고, 천하에 도가 없으면 조용히 물러나서 수신에 힘써야 한다(天下有道則見 無道則隱)."

남송의 충신이었던 사방득(謝枋得)이 편찬한《문장궤범(文章軌範》
을 보면 '나아가고 물러섬에는 시세를 따르지 않는다(券舒不隨乎時)'라
는 말이 있다. 이는 한 문공(文公)이 한 선비에게 준 글로 자기 뜻에 따라
행동하는 대장부의 태도를 말한 것이다. 여기서 '권서(券舒)'란 '돌돌 말
았다 편다'라는 뜻으로 나아가고 물러섬을 뜻한다.

맹자(孟子) 역시 "군자는 나아갈 때와 물러설 때를 알아야 한다"라고
했다. 그만큼 살아가는 데 있어 나아감과 물러섬을 아는 것은 매우 중요
하다.

무신불립(無信不立),
신뢰가 없으면 설 수 없다

무신불립(無信不立) _ '믿음이 없으면 살아갈 수 없다'라는 뜻으로 사람이 세상을 살아가는 데 있어 신뢰가 매우 중요하다는 말.

　뛰어난 책사는 3가지 능력을 지녀야 한다. 판세를 정확히 분석하는 냉철한 혜안과 상대가 누구건 설득하는 유세 능력, 어떤 어려움에도 흔들리지 않고 밀고 나가는 추진력이 바로 그것이다. 하지만 거기에는 한 가지 전제조건이 있다. 군주로부터 신뢰받아야 한다는 것이다.

　합종책은 힘이 약한 다수가 연합해서 강자에 맞서는 것으로, 연나라 문후(文侯)의 참모였던 소진(蘇秦)이 제시한 책략이다. 그는 당시 전국 7웅 중 가장 강했던 진나라를 견제하려면 나머지 6국이 동맹을 맺어 맞서야 한다며 6국 군주를 설득했다. 그 결과, 그는 이전까지 존재하지 않았던 6국의 재상이라는 권력을 쥐고 천하를 누볐다. 이에 6국 신하 중에는 그를 음모하고 질투하는 사람이 많았다.

소진이 연나라에 돌아왔을 때의 일이다.

문후를 이어 새로 즉위한 역왕(易王)은 그를 냉대하기만 할 뿐 어떤 일도 맡기지 않았다. 그 이유가 궁금했던 그가 역왕을 향해 말했다.

"저는 동주(東周)의 비천한 사람으로 이렇다 할 공이 없습니다. 그런데도 대왕께서는 저를 중용하시어 제나라에 사신으로 보냈고, 저는 열 개의 성을 되돌려 받아 기쁜 마음으로 돌아왔습니다. 그런데 칭찬은 고사하고 저를 거들떠보지도 않으십니다. 이는 틀림없이 누군가가 저를 중상 모략했기 때문입니다.

생각건대, 제가 신의 없는 사람이라면 대왕께 오히려 다행스러운 일입니다. '충의와 신의는 자기 자신을 위한 것이며, 앞으로 나아가는 것은 남을 위해서다'라는 말이 있습니다. 제가 제나라 왕을 설득한 것을 두고 대왕을 기만했다고 하는 이들이 있습니다. 하지만 그것은 착각에 지나지 않습니다.

저는 늙은 어머니를 주나라 낙양에 홀로 남겨 두고 왔습니다, 그것은 저를 버리고 앞으로 나아가기 위함입니다. 가령, 증삼(曾參) 같은 효자와 백이(伯夷)처럼 청렴결백한 사람, 그리고 미생(尾生)처럼 성실한 사람이 있어 그 세 사람이 대왕을 섬긴다면 어떻게 하시겠습니까?"

"그야 좋은 것 아니오?"

"그렇지 않습니다. 증삼 같은 효자는 단 하루도 부모 곁을 떠날 수 없습니다. 그렇다면 어떻게 그를 천 리나 떨어진 먼 이곳까지 데려와서 당장 내일 어떤 일이 벌어질지도 모를 연나라의 국정을 돌보게 할 수 있겠습니까? 또한, 백이는 의리를 지켜 무왕의 신하가 되기를 거부하고 수양산에 들어가 굶어 죽었습니다. 그처럼 대쪽같은 사람에게 어떻게 큰일을 맡길 수 있겠습니까? 미생 역시 마찬가지입니다. 애인과 다리 아래서 만나기로 했던 그는 엄청난 홍수가 나는 바람에 다리를 부둥켜안은 채 죽고 말았습니다. 대왕께서는 이렇게 성실하기만 한 사람을 천 리 밖에 내보내 제나라의 사나운 군대를 물리칠 수 있겠습니까? 저야말로 충의와 신의를 지켰기에 대왕께 죄를 짓게 된 것입니다."

"충의와 신의를 지켰는데, 어찌 죄가 될 수 있겠소? 그것을 지키지 못했기에 죄가 되는 것 아니오?"

"그렇지 않습니다. 옛날에 어떤 사람이 집을 떠나 있을 때, 그의 처가 다른 남자와 정을 통한 일이 있습니다. 얼마 후 그가 돌아온다는 소식을 들은 그녀의 정부(情夫)는 불안했습니다. 그 모습을 본 그녀는 '아무 걱정하지 마요. 술에 독을 넣어놓을 테니'라고 했습니다. 얼마 후 남편이 돌아오자, 그녀는 하녀를 불러 남편에게 술을 권하도록 했습니다. 그러자 모든 사실을 알고 있던 하녀는 매우 괴로워했습니다. 주인에게 사실을 말하자니 당장 부인이 쫓겨날 것이고, 말하지 않으면 주인이 죽을 것이기 때문입니다. 생각 끝에 그녀는 일부러 넘어져서 술을 바닥에 쏟아버렸습니다. 그러자 주인이 크게 화를 내며 채찍으로 50차례나 때렸습니다. 주인도 살리고 부인도 살렸지만, 모질게

맞아야 했던 것입니다. 이 이야기는 충의와 신의를 다한다고 해서 죄가 없는 것은 절대 아님을 말하고 있습니다. 불행하게도 저의 경우가 바로 그와 같습니다."

그제야 역왕은 자신의 잘못을 인정하고 소진을 더욱 극진히 예우했다.

_《사기》〈소진열전〉 중에서

소진은 뛰어난 유세로 연 · 조 · 한 · 위 · 제 · 초 6국을 하나로 묶었다. 그 결과, 천하는 평화와 균형을 유지했지만, 장의로 인해 그 관계는 깨어지고 말았다. 재미있는 것은 소진과 장의가 귀곡자 밑에서 동문수학했던 친구 사이였다는 점이다.

소진이 6국 재상이라는 사상 초유의 벼슬에 오르자, 6국에서 많은 사람이 그를 시기하고 음모했다. 결정적인 순간, 그가 배신하리라는 것이 그들의 공통된 주장이었다. 얼핏, 그럴싸한 말에 6국 군주의 믿음은 흔들렸고, 그는 위기에 처했다. 하지만 당시 국제정세와 각 나라의 지정학적 상황 및 문제점에 관해 그보다 더 잘 아는 사람은 없었다. 군주의 마음을 꿰뚫는 지혜와 위험을 무릅쓰는 담대함 역시 뛰어났다. 이에 사마천은 그의 일생을 '지(智)'라는 한 글자로 요약하기도 했다.

《논어》에 '무신불립(無信不立)'이라는 말이 있다. '믿음이 없으면 살아갈 수 없다'라는 뜻으로, '사람이 사는 데 있어 신뢰만큼 중요한 것은 없다'라는 뜻이다.

자공(子貢)이 스승 공자에게 정치에 관해 물었다.

"정치에서 가장 중요한 것은 무엇입니까?"

"식량이 충분하고, 군대가 튼튼하며, 백성이 나라를 믿게 하는 것이다."

"만일 불가피하게 한 가지를 버려야 한다면 무엇을 가장 먼저 버려야 합니까

"군대를 버려야지."

"또 하나를 부득이하게 버려야 한다면 어떤 것을 먼저 버려야 합니까?"

"식량을 버려야지. 모든 사람은 죽기 마련이다. 그러나 백성의 믿음을 잃으면 나라가 존립할 수 없다."

_《논어》〈안연(顔淵)〉 중에서

신의가 없으면 개인도 조직도 더는 존재할 이유가 없다. 거짓말과 말 바꾸기를 밥 먹듯이 하면 결국 모든 것을 잃게 된다. 하지만 여기에는 문제가 있다. 신뢰만 강조하다가는 '미생지신(尾生之信)'의 어리석음을 범할 수도 있기 때문이다. 인의를 강조한 공자와 맹자 같은 성현들이 제왕들에게 쓰임을 받지 못한 이유 역시 바로 그 때문이다.

현실은 원칙대로만 이루어지지 않는다. 그러다 보니 원칙을 고수하면 실패할 것을 알면서도 현실을 외면하곤 한다. 미생지신의 어리석음을 범하는 셈이다. 현실을 무시하고 원칙만을 고집하거나, 원칙은 이론일 뿐이라며 현실만을 내세워서는 안 된다. 원칙을 고수하되, 상황에 따라서는 현실을 고려해야 한다. 그래야만 개인이건, 조직이건 살아남을 수 있기 때문이다.

의행무명 의사무공(疑行無名 疑事無功), 의심하면 성공할 수 없다

의행무명 의사무공(疑行無名 疑事無功) _ '무슨 일이건 망설이면 명분도 성공도 할 수 없다'라는 뜻으로 개혁을 단행하기로 했으면 믿음을 갖고 추진하라는 말.

춘추전국시대 전국 7웅 중 하나였던 조나라는 동서 양쪽으로 동호(東胡), 임호(林胡), 누번(樓煩) 등 삼호(三胡)라고 불리는 유목민족과 국경을 맞대고 있었다. 유목민족답게 그들은 기마술에 능했을 뿐만 아니라 활 쏘는 재주 역시 매우 뛰어났다. 그에 반해 중원에 자리한 나라는 예부터 네 마리의 말이 끄는 무거운 전차를 끌고 다녀 기동성 면에서 크게 뒤떨어졌다. 더욱이 조나라는 삼호와 국경선을 맞대고 있었기에 적지 않은 피해를 봐야만 했다.

조나라의 중흥을 이끈 무령왕(武靈王)의 고민 역시 거기에 있었다. 그는 기마 부대에 대항하려면 전차 중심의 전술을 바꿔야 한다고 생각했다. 그러자면 무엇보다도 복장 개혁이 시급했지만, 보수적인 세력의 반대에 번번이 부딪혔다. "오랑캐 옷을 입는 것은 조상 대대로 전해오는 예의에 어긋난다"라는 것이 그들의 주장이었다.

무령왕이 재상 비의(肥義)를 향해 말했다.

"뛰어난 업적을 이루려면 세상의 습속을 어겼다는 비난을 받기 마련이며, 심모원려(深謀遠慮)의 지혜가 있는 사람의 말과 행동은 오만한 백성의 원망을 사기 마련이오. 오늘 짐이 백성들에게 호복(胡服)을 입혀 말 타고 활 쏘는 법을 가르치려고 하는데, 세상 사람들은 틀림없이 과인을 비난할 것이오. 이를 어찌하면 좋겠소?"

"의심스러운 일을 하면 이름을 떨칠 수 없고, 의심하면서 일하면 공을 이룰 수 없다고 했습니다(疑行無名 疑事無功). 머뭇거리면 일을 추진하지도 명예도 얻지 못하는 법입니다. 세상의 비난을 감수하기로 했다면 더는 여론에 흔들릴 필요 없습니다. 최고의 덕행을 추구하려면 세속에 부화뇌동하지 않으며, 대업을 이루려면 평범한 사람과 논의하지 않습니다. 순임금은 묘족의 춤을 추어 그들을 귀순하게 했고, 우임금은 옷을 입지 않는 나라에 갔을 때 옷을 벗었습니다. 이는 자기의 욕망을 채우고, 즐거움을 찾기 위해서가 아니라 덕을 논하여 공업을 이루기 위해서였습니다. 어리석은 자는 일이 성사된 뒤에도 알지 못하지만, 지혜로운 사람은 일이 이루어지기도 전에 알아보는 법입니다. 폐하께서는 조금도 주저하실 필요가 없습니다."

"옛말에 '무지한 자의 즐거움은 현명한 자의 슬픔이며, 어리석은 자의 비웃음은 지혜로운 자의 통찰이다'라고 했소. 백성들이 아무리 비난한다 해도 짐은 호복을 입고 북방의 오랑캐 땅과 중산국(中山國, 허베이성에 있었던 제후국)을 차지할 것이오."

그러고는 백성들에게 호복을 입으라고 명령을 내리기 전에 사자(使者)를 숙부 조성(趙成)의 집으로 보냈다. 조성은 귀족들로부터 큰 신망을 얻고 있었다.

"과인이 호복을 입고 조회에 참석하려고 하니, 숙부께서도 호복을 입고 나오십시오. 집안에서는 부모의 말을 따라야 하고, 나라 안에서는 임금의 명을 따라야 하는 것은 고금의 진리입니다. 아들 된 자는 아비의 명을 거역해서는 안 되고, 신하는 군주의 명을 거슬러서는 안 되며, 형제는 의로써 서로 우애해야만 합니다. 오늘 과인이 교지를 내려 복식을 바꾸려 하는데, 숙부께서 입지 않으신다면 백성들 역시 따르지 않을 것입니다.

과인이 호복을 입는 목적은 나의 욕망을 채우고, 즐거움을 찾기 위해서가 아니라 목적하는 바를 달성하기 위함입니다. 바라건대, 저는 숙부의 의로운 이름을 빌려서 호복 제도를 시행해 공업을 이루려고 합니다. 이에 왕설을 보내 뵙기를 청하니, 내일 조회에 호복을 입고 나오시길 바랍니다."

그러자 조성이 무령왕의 사자를 향해 두 번 절을 올린 후 머리를 조아리고 말했다.

"신은 왕께서 호복 착용을 시행하려는 뜻을 이미 알고 있었습니다. 그러나 병으로 자리를 보전하고 있기에 감히 진언을 올리지 못했습니다. 어리석은 신이 충정을 다해 말씀드립니다. 중화의 문물과 문화를 버리고 오랑캐의 복식을 시행하는 것은 옛 성현의 교화와 상도를 바꾸는 행위로써 백성들의 마음에 반하는 일이며, 학자들의 가르침을 저버리는 행위입니다. 부디, 왕께서는 이런 점을 생각하시어 신중하게 처리하시길 바랍니다."

호복 착용에 반대한다는 것이었다. 무령왕으로서는 난감하기 그지없는 일이었다. 이에 숙부를 다시 한번 설득하기 위해 직접 조성의 집을 방문했다.

"옛말에 '책 속의 지식으로 말을 모는 자는 말의 속성을 다 이해할 수 없고, 낡은 법도로 현재를 다스리는 자는 사리 변화에 통달할 수 없다'라고 했습니다. 옷과 예절은 편리한 삶을 위해 있는 것입니다. 옛 예절이 맞지 않으면 고쳐야 하듯, 옷 역시 편하지 않으면 고쳐 입어야 합니다.

옛 성인들은 만일 나라에 이득이 된다면 그것을 행하는 방법을 꼭 하나로 할 필요가 없으며, 그것을 행하는 게 편리하다면 예법 역시 같을 필요가 없다고 했습니다. 유자(儒者) 역시 스승은 한 사람이지만, 그들이 주장하는 예법은 천차만별입니다.

호복으로 복식을 바꾸려는 것은 기병과 궁수를 양성해 삼호 등으로부터 국경을 방비하고 옛 치욕을 갚기 위해서입니다. 그런데 숙부께서는 전통적인 풍속에 얽매여 옛 치욕을 망각하고 있습니다. 그것은 과인이 바라는 바가 아닙니다."

조성이 무령왕에게 두 번 절을 올린 후 머리를 조아리며 말했다.

"신이 어리석어 왕의 깊은 뜻을 미처 헤아리지 못했습니다. 이제부터 신은 왕의 뜻을 받들겠습니다."

그리고 다음 날 무령왕으로부터 하사받은 호복을 입고 조회에 나갔다. 그제야 무령왕은 백성들에게 호복을 입으라는 조칙을 내렸다. 하지만 신하들의 반발은 여전히 거셌다. 이에 유목민들에게 당하는 고통과 위협을 이겨내려면 그들의 장점을 받아들일 수밖에 없음을 말하고, 스스로 앞장서서 호복을 입었다. 그러자 많은 신하가 뒤따라서 호복을 입기 시작했고, 조나라는 동북을 호령하는 강자로 떠올랐다.

_《사기》〈조세가(趙世家)〉 중에서

조나라 무령왕은 춘추전국시대의 대표적인 개혁 군주다. 무령왕이 가장 먼저 단행한 개혁은 복식이었다. 복식 개혁 없이는 나라를 유지할 수 없는 환경에 처해 있었기 때문이다. 이에 복장을 오랑캐 복장으로 바꾼 것은 물론 기마병과 사수를 육성하는 군령을 발표했지만, 무수한 반대에 부딪히고 만다. 이에 무려 20여 년 동안 내부의 적들과 개혁을 둘러싸고 싸워야만 했다. 하지만 결국 진심은 통하는 법. 그의 진심을 안 이들은 무령왕의 개혁을 더는 반대하지 않았고, 나라를 개혁하는 데 힘을 모았다.

인재 유치는 시작일 뿐, 정말 중요한 것은 인재들이 실력을 키우고, 능력을 제대로 발휘하게 하는 일이다. 그것이 리더의 핵심 역할이다. 하지만 직원을 최고의 인재로 만드는 리더가 있는가 하면, 반대로 어렵게 얻은 인재를 망치는 리더도 적지 않다.

인재를 망치는 리더의 대표적인 유형으로는 독선적이고 권위주의적인 사람을 꼽을 수 있다. 그들은 자기 뜻대로 일이 풀리지 않으면 직원들에게 쉽게 화를 내고 억압한다. 그런 리더 아래서는 능력을 제대로 발휘하기가 어렵다.

리더가 빠지기 쉬운 가장 큰 함정은 바로 '독선'이다. 독선은 비타협에서 비롯되고, 비타협은 독선을 강화한다.

중국 역사상 최고의 개혁가 중 한 사람으로 꼽히는 왕안석(王安石)은 개혁에 처절하게 실패했다. 그의 실패에 관해서는 수많은 분석이 있지만, 가장 큰 이유는 독선이라는 데 변명의 여지가 없다.

개혁의 핵심은 이익의 재분배에 있다. 당연히 갈등과 모순이 따를 수밖에 없다. 그 때문에 많은 리더가 그것을 피하려고 한다. 그런 점에서 무령왕이 보여준 타협과 설득은 모범적이다. 반대론자들을 끊임없이 설득하고 타협해나가면서 개혁을 성공시켰기 때문이다.

망설이는 호랑이는 벌만도 못한 법이다. 어떤 일을 하기로 마음먹었다면 믿음을 갖고 추진해야 한다. 이쪽저쪽을 돌아보며 좌고우면했다가는 그나마 얻는 기회마저 날릴 수 있다. 기회가 왔을 때 그것을 꼭 붙잡아야 한다.

시작도 하기 전에 불가능하다고 확신하는 것만큼 어리석은 태도는 없다. 많은 사람이 실패하는 이유 중 하나도 바로 그 때문이다. 일단 계획이 섰다면 멈추지 않아야 한다. 그래야만 뭐라도 이룰 수 있기 때문이다.

교토삼굴(狡兎三窟),
뛰어난 리더일수록 멀리 내다본다

교토삼굴(狡兎三窟) __ '영리한 토끼는 굴을 세 개 판다'라는 뜻으로 위기에서 벗어나려면 미리 여러 가지 대책을 세워놓아야 한다는 말.

춘추전국시대 진나라 도공(悼公)에게 사마위강(司馬魏絳)이라는 신하가 있었다. 그는 도공의 동생 양간(楊刊)이 군법을 어기자, 그의 마부를 잡아다가 처형했을 만큼 강직한 원칙주의자로 많은 사람의 시기를 받았다.

양간이 형 도공에게 말했다.

"사마위강은 눈에 뵈는 것이 없는 듯합니다. 감히 제 마부를 죽여 왕실을 욕보였습니다."

그러자 도공은 그 이유는 묻지 않은 채 사마위강을 즉시 잡아 오라고 명했다. 그때 대부 양설(羊舌)이 말했다.

"위강은 충신으로, 그가 그런 일을 했다면 반드시 이유가 있을 것입니다."

내막을 알게 된 도공은 위강을 더욱 신뢰하게 되었다.

정나라가 초나라와 연합해 송나라의 4개 성을 점령했을 때의 일이다. 다급해진 송나라는 진나라에 원병을 요청했고, 도공은 위강의 지혜를 빌려 송·위·조·거·주나라 등과 연합해서 정나라의 항복을 받아낸다. 얼마 후 정나라는 도공에게 감사의 뜻으로 값진 보물과 궁녀를 선물로 보내왔다. 도공은 그 절반을 위강에게 주었다.

"경이 나를 위해 많은 계책을 내고, 일을 순조롭게 처리해줘서 참으로 든든하오. 작지만, 내 성의를 받아주길 바라오."

하지만 위강은 그것을 끝내 거절했다.

"일이 순조로웠던 것은 대왕의 공로가 가장 크며, 동료들이 일심으로 협력했기 때문입니다. 소신 같은 사람이 무슨 공로가 있겠습니까? 바라건대, 대왕께서는 안락할 때 아직 많은 일이 남았음을 절대 잊지 마십시오. 《서경(書經)》에 이르기를 '편안할 때 장차 있을지 모를 위태로움을 항상 생각하고(居安思危), 위태로움을 생각하면 항상 준비하면 근심과 재난이 없을 것(有備無患)이라고 했습니다."

이에 도공은 큰 깨달음을 얻고 즉시 뜻을 거두었다. 그리고 예물로 받은 보물을 땅을 개간하고 병장기를 새로 만드는 데 썼다.

___《춘추좌씨전(春秋左氏傳)》 중에서

이 이야기에서 '미리 준비하면 걱정거리가 없다'라는 '유비무환(有備無患)'이 유래했다.

위강 같은 훌륭한 신하가 있었기에 진나라는 춘추전국시대의 혼란기에 강대국으로 군림할 수 있었다. 그는 한 수 앞을 내다보는 신하였다. 당시 진나라는 신흥 강자로 떠오른 초나라와 중원의 패권을 다투었는데, 양국 사이에 자리한 정나라는 순망치한(脣亡齒寒) 같은 존재였다. 위강은 이를 기회 삼아 도공에게 위험할 때를 미리 대비하라고 간언했고, 결국 융(戎)이라는 오랑캐와 주변국을 굴복시키고 중원의 패자로 거듭나게 되었다.

비슷한 말에 '교토삼굴(狡兔三窟)'이 있다. '꾀가 많은 토끼는 세 개의 숨을 굴을 파 놓는다'라는 뜻으로 다가올 위기나 고난에 철저히 대비하는 지혜를 말한다.

제나라의 국력이 점점 강해지자 진나라와 초나라는 제 민왕(湣王)과 맹상군 사이를 교묘히 헐뜯기 시작했다. 둘 사이를 갈라놓아 제나라를 흔들기 위해서였다.

"맹상군은 이름이 왕보다 높고, 권력을 손에 쥐고 흔든다."

이 소문을 들은 민왕은 맹상군의 직위와 봉읍(封邑, 제후에게 하사한 땅)을 모두 회수했다. 그러자 3천여 명에 달했던 식객이 하나둘 떠났고, 결국 풍환(馮驩) 홀로 남게 되었다. 풍환은 달면 삼키고 쓰면 뱉는 인간의 본성을 보며, 맹상군의 은혜를 갚을 때가 되었다고 생각했다.

풍환이 맹상군을 향해 말했다.

"제게 진나라에 타고 갈 수레 한 대만 내주시면, 반드시 다시 중용하게 하는 것은 물론 영지를 더욱 넓혀 드리겠습니다."

맹상군은 그에게 수레는 물론 많은 예물까지 마련해주었다. 그것을 가지고 풍환은 진 소왕(昭王)을 만났다.

"지금 천하의 유세객들이 진나라와 제나라로 몰려들고 있습니다. 진나라에 오는 유세객은 제나라를 무너뜨릴 비책을 내놓고, 제나라에 오는 유세객은 진나라를 무너뜨릴 비책을 내놓느라 여념이 없습니다. 이처럼 지금은 두 나라가 천하를 양분하고 있지만, 천하의 패자는 절대 둘이 될 수 없습니다."

"그러면 어떻게 하면 우리가 천하를 제패할 수 있겠소?"

"제나라가 천하의 강국이 될 수 있었던 것은 맹상군이 있었기 때문입니다. 그런데 그가 모함을 받아 파면되었습니다. 맹상군은 지금 원한이 뼈에 사무쳐 있습니다. 제나라의 사정을 누구보다 자세히 아는 그를 부르면 크게 힘들이지 않고 제나라를 제압하는 것은 물론 천하의 패자가 될 수 있습니다. 이 기회를 놓쳐서는 절대 안 됩니다. 만일 제나라가 그를 다시 중용하면 천하 패권은 또다시 예측할 수 없게 됩니다."

그 말에 소왕이 크게 기뻐하며, 수레 열 대에 황금을 가득 실어 맹상군에게 보냈다. 이를 본 풍환은 서둘러 제나라로 건너가 민왕을 만났다.

풍환이 민왕을 향해 말했다.

"진나라와 제나라는 천하를 양분하고 있지만, 절대 함께할 수 없습니다. 신이 듣기에 지금 진나라에서 수레 10대에 많은 황금을 싣고 맹상군을 모시러 오고 있다고 합니다. 만일 그가 진나라 재상이 되면 천하는 진나라 것이 될 것입니다. 그러니 어서 맹상군을 다시 등용하고, 봉읍도 넓혀주십시오. 대왕께서 부르면 기쁘게 받아들일 것입니다."

"알겠소."

그러고는 즉시 사람을 국경으로 보내 사실을 확인하게 했는데, 과연 진나라 사자가 국경을 넘어오고 있었다. 이에 민왕은 맹상군을 즉시 복직시키고 봉읍 역시 예전보다 1천 호 더 주었다. 그러자 이 사실을 전해 들은 진나라 사자는 수레를 되돌려야만 했다.

풍환이 맹상군에게 말했다.

"이것이 곧 교토삼굴(狡兔三窟)입니다. '영리한 토끼는 굴을 세 개 판다'라는 뜻입니다. 공자께서는 지금까지 재물만 갖고 계셨기에 굴이 하나뿐이었지만, 이제 설 지방의 땅도 생겼을 뿐만 아니라 진나라 재상 자리도 마련해놓은 셈이니, 굴이 두 개 더 생겼다고 할 수 있습니다. 이제 어떤 어려움이 생겨도 능히 극복할 수 있을 것입니다."

_ 《사기》〈맹상군열전(孟嘗君列傳)〉 중에서

다가올 위험을 예측하고 대책을 세우는 일은 말처럼 쉽지 않다. 그러다 보니 대부분 위기에 직면해서야 다른 굴의 필요성을 절감한다. 하지만 그때는 이미 늦다.

뛰어난 리더일수록 굴을 여러 개 판다. 만일 리더 자신이 그런 능력을 지니지 못했다면 옆에서 돕는 사람이 반드시 있어야 한다. 그래야만 조직은 물론 자신 역시 살 수 있다. 맹상군에게 있어 풍환은 그런 존재였다.

———————

▶▶▶ 위기에서 벗어나는 지혜

《전국책》"지자(智者)는 어떤 일이건 그 일이 아직 일어나지 않았을 때부터 예측한다"라는 말이 있다. 지략이란 통찰력과 선견지명을 통해 어떤 상황에서도 자신에게 유리하게 대응하는 능력을 말한다.

어떤 조직이나 몇 번쯤 위기를 겪는다. 어떤 조직도 그것을 피할 수 없다. 특히 지금처럼 변화가 극심한 환경에서는 위기에 처하는 횟수가 점점 많아지고 있다. 그 때문에 노련하고 앞선 조직은 미리 위험을 대비해서 대책을 세워둔다. 위기에서 벗어나는 굴을 여러 개 파놓는 셈이다.

위기에 처했을 때 굴은 비로소 그 가치를 증명한다. 굴을 여러 개 파놓은 토끼가 사냥꾼을 쉽게 따돌릴 수 있듯, 위기를 대비해서 미리 대책을 세워놓은 조직은 어떤 상황에서도 흔들리지 않는다. 하지만 그렇지 않은 조직은 약한 바람에도 쉽게 흔들리고 만다.

리더가 갖춰야 할 덕목은 여러 가지가 있다. 뛰어난 식견으로 앞날을 내다보는 통찰력은 물론 상황을 정확히 판단하는 판단력, 누구와도 소통할 수 있는 의사소통 능력, 구성원을 하나로 만드는 카리스마, 조직의 비전과 목표를 제시하고 달성하는 능력 등등….

성실함과 포용력 역시 필수다. 그 외에도 리더는 다양한 능력을 지녀야 한다. 하지만 옛날이나 지금이나 절대적으로 요구되는 덕목은 따로 있다. 그것은 바로 위기에 직면했을 때 헤쳐나가는 위기관리 능력이다. 특히 요즘 같은 불확실성의 시대일수록 더욱더 위기관리 능력을 갖춰야 한다. 그런 리더가 있는 조직은 쉽게 흔들리지 않는다.

해대어(海大魚),
물고기는 물을 떠나서 살 수 없다

해대어(海大魚) _ '바다의 큰 물고기'라는 뜻으로, 물고기는 물을 떠나서 살 수 없다는 말.

《손자병법(孫子兵法)》을 보면 유독 '돌아가라'라는 말이 자주 나온다. 아무리 급한 일이라도 순리에서 벗어나서는 안 된다는 삶의 이치를 깨우쳐 주는 말이다.

중국 남북조 시대 송나라에 단도제(檀道齊)라는 명장이 있었다. 그는 북위(北魏)를 정벌하면서 30여 차례나 연속해서 승리했는데, 얼마 후 군량이 모자라 군대를 철수시켜야만 했다. 이 일을 두고 사람들은 그가 비겁하게 도망쳤다며 비웃곤 했다.

하지만 그는 줄행랑이나 치는 겁쟁이가 아니었다. 그가 있었기에 어떤 나라도 송나라를 함부로 건드리지 못했기 때문이다.

제나라 왕경칙(王敬則)이 반란을 일으켰을 때의 일이다. 관군은 "왕경칙이 도망가려고 한다"라는 거짓 소문을 흘렸다. 그러자 이 소문을 들은 왕경칙은 이렇게 말했다.

"단공의 무궁무진한 계략 중 삼십육계가 상책이었다지. 하지만 네놈들이야말로 도망가는 게 상책일 것이다."

그러고는 중과부적의 관군에 맞서 싸우다가 목이 잘리고 말았다. 아무리 잘 싸우는 명장이라도 죽음의 위기를 만나면 도망가야 할 터인데, 자만심 때문에 목숨을 잃고 만 것이다.

여기에서 말하는 단공(檀公)은 단도제이다. 그가 북위와 싸울 때 종종 도망을 친 일을 두고 '단공 삼십육계'라고 비유한 것이다.

제나라 재상 정곽군(靖郭君) 전영(田嬰)은 전국시대 사군자 중 한 명인 맹상군(孟嘗君)의 아버지이자, 제 위왕(威王)의 막내아들이었다. 그만큼 큰 권세를 누렸다. 하지만 아버지 위왕을 이은 이복형 선왕(宣王) 즉위 후 상황이 급변했다. 권력에서 밀려난 것이다.

권력에서 밀려난 그는 자신의 힘을 과시하기 위해 그는 봉읍(封邑)으로 받은 설(薛) 땅에 성을 쌓으려고 했다. 자신을 따르리라고 생각했던 식객 대부분이 반대했지만, 그는 고집을 꺾지 않았다. 오히려 화를 내며 더는 그 일을 거론하지 말라고 엄포를 놓았다.

어느 날, 한 사람이 그를 만나기를 청했다. 그는 딱 세 글자만 말할 것이며, 한 글자라도 넘으면 죽어도 좋다고 했다. 호기심이 인 그는 그를 즉시 불러오게 했다.

"하고 싶은 말이 도대체 무엇이오?"

정곽군이 그를 향해 물었다.

"해대어(海大魚)!"

그는 그 말만 하고는 급히 돌아서서 나가려고 했다. 그러자 정곽군이 그를 급히 불러세웠다.

"그게 무슨 뜻이오?"

"목숨을 버리면서까지 말할 수는 없습니다."

"괜찮소, 어서 말해보시오."

거듭 청하자, 그가 비로소 입을 열었다.

"대군께서는 바다에 사는 큰 물고기를 아시는지요? 그 물고기는 너무 커서 그물로도 잡을 수 없고, 낚시로도 잡을 수 없지만, 바다를 벗어나면 작은 벌레의 먹이가 되고 맙니다. 제나라와 대군의 관계는 바다와 물고기의 관계와도 같습니다. 제나라가 물이라면, 대군은 물고기라고 할 수 있습니다. 물만 떠나지 않는다면 그 안에서 천하를 호령하며 권세를 떨칠 것입니다. 그런데 대군께서는 설 땅에 설을 쌓아 왕의 의심을 사려 하고 있습니다. 그게 무슨 소용 있겠습니까? 성이 아무리 높은들 무용지물일 것입니다."

그 말에 크게 깨달은 정곽군은 성 쌓는 일을 즉시 중단했다.

_《한비자》〈세림(說林)〉 중에서

누구나 자신이 처한 환경의 영향을 받기 마련이다. 물고기가 물을 떠나서 살 수 없듯, 우리 역시 우리가 처한 환경에서 벗어나면 많은 것이 달라진다. 치명상을 입기 때문이다.

우리는 살면서 수많은 '해대어'를 본다. 해대어는 조직 안에서는 좋은 대우를 받고 큰소리치지만, 조직을 벗어나면 초라해지기 일쑤다.

해대어가 명심할 말이 있다.

"물러서야 할 때 물러서고 나아가야 할 때 나아가면 흥하지만, 물러설 때 나아가고 나아가야 할 때 물러서면 망한다"라는 것이다.

───────────

▶▶▶ 급할수록 돌아가야 한다

바둑 격언에 대마불사(大馬不死)라는 말이 있다. 대마, 즉 '큰 말은 죽지 않다'라는 뜻이다. 하지만 과연 그럴까. 바둑을 두다 보면 절대 질 수 없는 데도 방심하다가 지는 경우가 적지 않다. 특히 도망가야 할 순간, 도망가지 못해서 그런 경우가 많다.

역사를 돌이켜 보면 수많은 영웅이 이룰 수 없는 꿈에 집착하다 망하는 경우를 많이 볼 수 있다. 꿈이란 크면 클수록 좋다는 말이 있다. 하지만 그것이 당장 이루기 어렵다면 한 수 물러서는 것도 현명한 방법이다. 상황에 따라서는 도망쳐서 훗날을 도모하는 것도 훌륭한 전술이기 때문이다. 승산이 없는데도 무모하게 덤비는 것만큼 어리석은 일은 없다.

감정과 분노에 얽매여서 상황 판단을 해서는 안 된다. 즉, 감정을 잘 다스릴 줄 알아야 한다. 감정에 사로잡히면 상황을 오판할 가능성이 매우 크기 때문이다. 그렇게 되면 원하는 결과를 얻을 수 없을뿐더러 그때까지 쌓은 모든 것이 수포가 될 수도 있다. 따라서 중요한 결정을 할 때는 그만큼 심사숙고해야 한다. 그래야만 실수하지 않는다.

역린지화(逆鱗之禍),
상대의 치부를 건드리지 말라

역린지화(逆鱗之禍) __ '용의 비늘을 거슬림으로써 일어나는 화'란 뜻으로 상대의 치부를 건드리면 오히려 화를 입는다는 말.

한비자(韓非子)는 춘추전국시대 법가사상을 대표하는 인물이다. 그가 살던 한(韓)나라는 전국칠웅 가운데 가장 작고 약했다. 이에 법가사상가들은 살얼음판을 내딛는 듯한 현실에서 살아남으려면 엄격한 법집행으로 통치력을 완전히 장악해야 한다고 생각했다.

한왕 안(安)의 서자였던 한비자는 말을 잘하기는커녕 더듬기 일쑤였다. 하지만 문장력과 논리력이 매우 탁월했던 그는 나라를 지키기 위한 통치술에 골몰해 독자적인 학문을 완성했다.

그런 그의 재능을 알아본 사람이 바로 진시황이었다. 그의 글을 본 진시황은 뛰어난 지략에 감탄했을 뿐만 아니라 천하 통치의 이론적인 버팀목으로 활용하고자 했다. 하지만 거기까지였다. 한때 순자 밑에서 동문수학했던 이사의 모함으로 인해 죽임을 당했기 때문이다. 그처럼 논리정연했던 최고의 유세객(遊說客, 자기 의견 또는 자기 조직의 주장을 선전하며 돌아다니던 사람)조차 줄타기와 같은 현실의 곡예를 넘지 못한 채 유세의 희생자가 되어버린 셈이다.

사마천은 이를 두고 이렇게 말한 바 있다.

"한비는 〈세난(說難)〉 같은 훌륭한 글을 썼지만, 정작 그로 인한 화에서는 벗어나지 못했다."

여기서 '세난'이란 유세, 즉 '설득의 어려움'을 뜻한다.

한비자는 〈세난〉에서 유세의 어려움에 대해 다음과 같이 말했다.

유세가 어려운 이유는 내가 가진 지식으로써 상대를 설득하기 어렵기 때문이 아니다. 말로써 상대에게 내 의견을 정확하게 전달하기 어렵기 때문도 아니다. 유세가 어려운 진짜 이유는 내가 설득해야 할 왕의 마음을 꿰뚫어 보고, 내 말을 그의 마음에 잘 맞춰야 하기 때문이다. 가령, 내가 설득하려는 왕이 자신의 이름을 높이려고 하는데, 내가 재물과 이익만 이야기한다면 속물로 취급되어 반드시 멀리 쫓겨날 것이다. 반대로 왕이 많은 이익을 바라고 있는데, 내가 명예만 가지고 설득한다면 자신의 속마음을 몰라준다면서 거두어 쓰지 않을 것이다. 만일 왕이 속으로는 이익을 바라면서도 겉으로는 명예를 바라는 척할 때 내가 명예를 가지고 설득한다면, 겉으로는 내 말을 받아들이겠지만, 결국 멀리할 것이다. 또한, 이익을 가지고 설득한다면 속으로는 말을 받아들이겠지만, 겉으로는 멀리할 것이 틀림없다.

대부분 일은 비밀을 지키면 성공하고, 말이 새어나가면 실패하기 마련이다.

　왕을 설득하다 보면 왕이 숨기는 일에 대해서도 말이 미칠 수밖에 없다. 그렇게 되면 유세객의 목숨은 위태롭다. 귀인에게 잘못한 일이 있지만, 분명한 논리로써 그것을 따질 때도 마찬가지다. 유세객이 왕의 은혜를 크게 입지 않았는데 그의 말을 많이 안다면 공을 세워도 그다지 득이 되지 않는다. 하지만 왕의 말을 듣지 않으면 의심받게 되고 목숨까지 위태로워진다. 귀인이 남에게 계략을 얻어서 공을 세우려고 할 때 유세객이 그 계획을 미리 안다면 그의 목숨은 위태롭다. 귀인이 겉으로 어떤 일을 하려는 것처럼 보이지만, 속으로는 다른 일을 하려고 할 때는 절대 그 내막을 알려고 해서는 안 된다. 목숨이 위태롭기 때문이다. 귀인에게 도저히 할 수 없는 일을 강요하거나, 그가 어쩔 수 없이 해야만 하는 일을 중지하라고 권할 때 역시 마찬가지다.

　왕과 함께 대인(大人)에 관해 이야기하면 자기를 비난한다고 의심하고, 천인(賤人)에 관해 이야기하면 왕의 권위를 팔려 한다고 의심한다. 그리고 왕이 총애하는 자에 관해 이야기하면 자기를 이용한다고 의심하며, 왕이 미워하는 자에 관해 이야기하면 자기를 시험한다고 의심한다. 말을 꾸미지 않고 간결하게 이야기하면 무식한 자라고 업신여기고, 이 말 저 말 끌어다가 이야기하면 말이 많다고 지루하게 여긴다. 형편에 따라 생각을 말하면 겁쟁이라서 말을 못 한다고 하고, 사리를 따져 말하면 '아는 것도 없으면서 건방지다'라고 한다. 이런 것이 유세의 어려움이니 반드시 알아두지 않으면 안 된다.

유세의 요령은 다른 데 있지 않다. 왕이 자랑스러워하는 것을 추켜세우고, 부끄러워하는 것을 없애주면 된다. 왕이 자신의 책략에 대해 자랑스럽게 생각하면 설령 잘못된 점이 있어도 추궁하지 않아야 하며, 왕이 자신의 결단에 자부심을 느낀다면 화를 돋우지 않아야 한다. 능력을 자신하는데, 실행이 어렵다며 용기를 꺾어서도 안 된다.

왕이 하려는 일과 똑같은 계획을 세운 사람과 왕이 하려는 일과 같은 일을 한 사람은 칭찬만 해야 한다. 절대 비난해서는 안 된다. 만일 왕과 같은 실패를 저지른 사람이 있으면, 그에게 실수가 없는 것처럼 덮어줘야 한다. 충성스러운 사람은 왕의 뜻에 거슬림이 없어야 하고, 충언할 때도 배격하지 않아야 한다. 그런 후에야 자신의 말솜씨와 지혜를 비로소 펼 수 있다. 그렇게 해야만 왕과 가까워지고 의심받지 않아 자기 뜻을 관철할 수 있다.

오랜 세월 함께한 왕의 은총이 깊어지면 그때부터는 깊이 계획해도 절대 의심받지 않는다. 이때는 왕과 논쟁하며 간언해도 벌 받지 않는다. 그렇게 되면 이익과 손해를 분명히 헤아려 공을 이루고, 옳고 그름을 바로 지적하여 유세객 자신을 영화스럽게 만들 수 있다. 이런 상태까지 이르면 유세는 성공한 것이다.

_《한비자》 중에서

한비자는 유세의 어려움이란 상대의 마음을 헤아려서 그가 바라는 바에 맞추어 이해하게 하는 데 있다고 했다. 생각건대, 이보다 더 적확한 지적은 없을 것이다. 많은 사람이 설득에 실패하는 이유는 상대의 마음을 헤아리지 못하기 때문이다. 그런 점에서 설득의 첫걸음은 상대의 마음을 읽는 것, 상대의 뜻을 거스르지 않는 것, 상대의 감정을 건드리지 않는 것이라고 할 수 있다. 이와 관련해서 한비자는 용의 턱밑에 거꾸로 난 비늘, 즉 '역린(逆鱗)'을 예로 든다.

"무릇 용이란 동물은 잘만 길들이면 등에 타고 하늘을 날 수 있다. 하지만 턱밑에 한 자쯤 거꾸로 난 비늘(逆鱗)이 있는데, 이걸 건드리면 누구나 죽임을 당한다. 유세하는 이가 군주의 역린을 건드리지만 않으면 목숨을 잃지 않고 유세도 절반쯤은 먹힌 셈이다."

그는 최고의 화술은 수려한 말재주가 아니라 상대의 마음을 읽는 독심(讀心)에 있다고 했다. 나아가 유세의 핵심은 상대의 치명적인 약점, 즉 역린(逆鱗)을 건드리지 않고 감싸는 데 있음을 강조했다.

▶▶▶ 세난, 설득의 어려움

누구나 약점을 갖고 있다. 약점은 콤플렉스와도 같다. 그래서 그것을 건드리면 누구나 분노하게 된다. 따라서 상대를 설득하려면 약점은 가능한 한 감춰주는 것이 좋다. 하지만 어떤 이들은 상대의 약점을 캐치하고 지적하는 데서 쾌감을 느낀다고 말하곤 한다. 잘못된 자존심의 발로를 승리로 착각하는 셈이다.

우리 삶은 설득의 연속이라고 해도 과언이 아니다. 예나 지금이나 설득은 개인은 물론 조직의 생사와 승패를 결정하는 최고의 지략이다. 특히 요즘 같은 경쟁 사회에서는 그 중요성이 더 강조되고 있다.

뛰어난 리더일수록 다른 사람의 마음을 읽고 설득하는 능력이 뛰어나다. 그 결과, 부하들에게 각자의 능력과 장점에 맞는 일을 맡기며 최고의 성과를 끌어낸다. 예컨대, 성실한 사람에게는 평온한 일을 하게 하고, 기존의 틀을 깨는 발상을 하는 사람에게는 개혁이 필요한 일을 맡겨 원하는 성과를 얻는다.

어떻게 하면 다른 사람의 마음을 제대로 읽고 설득할 수 있을까. 명나라의 최고 정치가로 불리던 여곤(呂坤)은 《신음어(呻吟語)》에서 다른 사람을 설득하거나 충고하려면 다음 사항을 반드시 염두에 둬야 한다고 했다.

첫째, 상대가 싫어하는 것을 정면에서 지적해서는 안 된다.

둘째, 상대의 결점만을 말해서는 안 된다.

셋째, 다른 사람과 비교해서는 안 된다.

넷째, 지나치게 엄격해서는 안 된다.

다섯째, 장황하게 말해서는 안 된다.

여섯째, 똑같은 말을 되풀이해서는 안 된다.

여곤은 최고 리더의 조건으로 '심침후중(深沈厚重)'을 꼽았다. '침착하고, 신중하며, 어떤 위기에도 동요함이 없다'라는 뜻이다.

'신음'이란 병났을 때 내는 소리이고, '신음어'는 병들었을 때 내는 말이다. 병중의 아픔은 아파본 사람만이 알 수 있듯, 말 역시 마음을 꿰뚫어 보고 공감하는 말만이 사람 마음을 움직일 수 있다. 그 때문의 리더의 말은 강요나 명령이 아닌 공감이 먼저다.

무릇, 사람을 움직이는 것은 권력도, 돈도 아닌 공감할 수 있는 따뜻한 말 한마디이다. 설득의 핵심은 바로 거기에 있다.

상옥추제(上屋抽梯),
모든 힘을 한곳으로 모으는 최후의 승부수

상옥추제(上屋抽梯) __ '지붕에 올려놓고 사다리를 치운다'라는 뜻으로 더는 후퇴할 수 없는 극한의
상황으로 자신을 몰아세워 의도한 바를 달성한다는 말. 《손자병법》 삼십육계 전략의 제28계이다.

사마천은 마흔여덟에 한 무제 앞에서 이릉(李陵)을 변호하다가 끔찍
한 궁형을 당했다. 당시 궁형은 가장 치욕스러운 형벌로 여겼기에 궁형
을 받느니 차라리 죽음을 택하는 이들이 많았다. 사마천이라고 해서 그
것을 생각하지 않은 것은 아니었지만, 그는 궁형을 받는 치욕 속에서도
끝내 살아남았다. 그래야만 할 이유가 있었기 때문이다.

태사관이었던 그의 아버지 사마담(司馬淡)은 아들에게 다음과 같은
유훈을 남겼다.

"우리 선조는 주 왕실의 태사로서 아주 먼 옛날의 순(舜) 시대와 하(夏)
로부터 천문을 관장해 공명이 빛났다. 그 후 집안이 기울기 시작했는데,
결국 내게서 끊어지려나 보다. 만일 내가 죽거든 너는 반드시 태사가 되
어 조상의 일을 이어다오. 나는 태사로 있으면서도 현군과 충신들의 행적

을 기록하지 못했다. 이러다가는 천하의 역사와 문장이 잊힐 것만 같아 심히 두렵다. 그러니 네가 반드시 내 뜻을 이어다오."

사실 그는 마흔둘에 아버지의 유훈에 따라 글을 쓰기 시작했지만, 본 격적인 저술 활동은 하지 못했다. 태사령을 겸하고 있었기 때문이다. 그 가 본격적으로 글을 쓰게 된 것은 아이러니하게도 궁형 덕분이었다. 그 는 궁형의 치욕을 견디며 14년 동안 각국의 기록을 모아 흥망성쇠의 이 치를 정리하고 오만 군상의 인간상을 담은 130편의 《태사공서(太史公 書)》를 완성했다. 그것이 바로 《사기》다.

하지만 궁형으로 인한 몸과 마음의 상처는 너무도 컸다. 여름이면 냄 새 때문에 가족조차 그를 멀리했다는 기록이 있을 정도다. 얼마나 마음 고생이 심했는지 친구 임안(任安)에게 편지를 보내 가슴 저미는 심정을 이렇게 밝히기도 했다.

백 세의 세월이 흐른다고 해도 이 쓰라린 치욕은 잊히지 않을 것이 다. 지금도 그것을 생각하면 하루에도 아홉 번 장이 뒤집히고, 망연자 실하여 무엇을 잃은 듯하며, 길을 걷고 있어도 어디로 가야 할지 모를 지경이다. 그 치욕을 생각할 때마다 식은땀이 등줄기를 타고 흘러내 려 옷을 적시지 않은 적이 없다.

_ 〈보임안서(報任安書)〉 중에서

사마천은 살아남아야 할 이유로 글쓰기를 택했다. 그는 임안에게 보내는 편지에서 《사기》를 집필한 이유를 다음과 같이 얘기하고 있다.

가령, 내가 억울한 죄로 사형에 처한다고 해도 천하를 다스리는 황제의 눈에는 기껏해야 아홉 마리 소 가운데 털 오라기 하나 없어지는 것과 마찬가지일 따름입니다('구우일모(九牛一毛)'라는 고사성어가 여기서 유래했다). 더욱이 세간 사람들에게는 절의(節義)가 아닌 그저 지혜가 모자라고 죄과가 겹쳐 죽은 것으로 보일 것입니다. 그때 저 같은 존재란 땅강아지나 개미 같은 미물과 무엇이 다르겠습니까?

인간은 어차피 죽기 마련입니다. 그러나 그 죽음 가운데는 태산보다 무거운 것이 있는가 하면, 어떤 죽음은 기러기 털보다도 가볍습니다. 중요한 것은 어떻게 죽느냐입니다.

고서(古書)에 "형벌은 사대부까지 이르지 않는다"라는 말이 있습니다. 이는 사대부의 체면을 살리기 위함입니다. 백수의 왕인 호랑이도 우리에 갇히면 꼬리를 흔들며 먹이를 구걸하게 됩니다. 협박당하고 고통받은 결과 그렇게 변하는 것입니다. 마찬가지로 사람 역시 손발을 묶이고, 벌거벗겨져 채찍을 맞고, 감옥에 처박히게 되면 옥리(獄吏)만 봐도 머리를 땅에 박고, 옥리 밑에 있는 천민이나 잡역부만 봐도 겁에 질리게 됩니다. 그 순간 기개를 세울 수 있다며 자부하는 이는 실상을 전혀 모르는 것입니다.

고금에 걸쳐 이웃 나라까지 그 명성이 쟁쟁하던 왕후장상이 생각지도 못한 죄를 뒤집어쓰고 그 몸을 욕보이는 예가 적지 않습니다. 모든 명예를 다 버렸다는 점에서 저와 다르지 않을 것입니다.

용기가 있다거나, 비겁하다는 것은 상황의 산물에 지나지 않습니다. 예로부터 사대부에게 형벌을 내리지 않은 것 역시 그 때문입니다. 죽음을 두려워하고, 부모와 처자를 걱정하는 것은 인지상정입니다. 저는 불행히도 조실부모하고 형제조차 없이 외롭게 살았습니다. 그런 제가 새삼스럽게 부모와 처자 때문에 살고자 했다고는 누구도 생각하지 않을 것입니다.

저는 생명을 아까워하는 비겁한 자일 뿐이지만, 거취만은 분명히 하고 싶었습니다. 어찌 치욕을 모르고 죄인 노릇만 하고 있겠습니까. 천한 노예와 하녀조차도 자결할 수 있습니다. 저 또한 그렇게 하려고 했다면 언제든지 할 수 있었습니다. 그러나 그 고통과 굴욕을 참으며 구차하게 삶을 이어가는 까닭은 가슴 속에 품은 숙원이 있어, 만일 비루하게 세상에서 사라진다면 후세에 문장을 전하지 못함을 안타깝게 생각했기 때문입니다.

예로부터 부귀하게 살았지만, 그 이름이 흔적조차 없어진 사람은 무수히 많습니다. 어디에도 얽매이지 않았던 탁월한 사람만이 후세에 그 명성을 드날릴 수 있습니다. 주 문왕은 갇힌 몸이 되어《주역(周易)》을 발전시켰고, 공자는 어려운 처지에 있을 때《춘추(春秋)》를 썼습니다. 굴원(屈原) 역시 추방된 후에《이소(離騷)》를 지었습니다. 좌구명(左丘明)은 눈이 먼 후 각국의 역사를 담은《국어(國語)》를 썼고,

손빈(孫臏)은 다리를 잘리고 나서 《손자병법(孫子兵法)》을 편찬했으며, 여불위(呂不韋)는 촉나라에 유배된 뒤 《여씨춘추(呂氏春秋)》를 세상에 남겼고, 한비자는 진나라에 억류되어 있을 때 《세난(說難)》과 《고분(孤憤)》을 썼습니다.

인간이란 가슴에 맺힌 한을 누구에게도 말할 수 없을 때 옛일을 글로 엮고, 희망을 품기 위해 명저를 남기는 것이 아닌가 합니다. 좌구명이나 손빈은 시력을 잃거나 다리가 잘려서 이미 쓸모없는 사람처럼 되었지만, 붓에 모든 힘을 기울여 가슴에 맺힌 한을 문장으로 남겼습니다.

_ 〈보임안서(報任安書)〉 중에서

만일 사마천이 궁형의 치욕을 견디지 못한 채 목숨을 끊었다면 어떻게 되었을까. 당연히 《사기》는 세상에 존재하지 않을 것이며, 그의 이름 역시 누구도 기억하지 않을 것이다. 무엇보다도 그의 사무친 원통함은 그저 개인의 한으로만 끝나고 말았을 것이다.

생전에 그는 한 치의 명예도 얻지 못했다. 죽은 뒤에야 비로소 그 이름을 알릴 수 있었다. 하지만 역사는 그를 패자가 아닌 승자로 기록하고 있다. 온갖 고통과 좌절을 이겨내고 인간사의 보고라고 불리는 역작 《사기》를 남겼기 때문이다.

《손자병법》삼십육계 전략의 제28계는 '지붕으로 유인한 후 사다리를 치운다'라는 상옥추제(上屋抽梯)다. 더는 물러날 곳이 없을 때 일부러 위기를 만들어서 전화위복의 계기를 마련하는 계략이다. 형주(荊州, 지금의 후베이성 일대)자사 유표(劉表)의 아들 유기(劉琦)가 제갈량을 유인해 높은 누각에 올려놓고 사다리를 치워 자신의 의도를 관철한 고사에서 유래했다.

후한 말 형주자사 유표에게는 아들이 두 명 있었다. 본부인이 낳은 큰아들 유기와 후처 채 씨가 낳은 작은아들 유종(劉琮)이 바로 그들이다. 큰아들 유기는 총명하고 인덕이 있었지만, 작은아들인 유종은 그에 훨씬 미치지 못했기에 유표는 큰아들을 후계자로 생각했다. 문제는 후처 채 씨였다. 그녀는 틈만 나면 자신이 낳은 아들을 후계자로 삼으라고 은근히 압박하는 것은 물론 유기를 위협하기까지 했다. 이에 유기는 자신의 처지가 매우 위험함을 알고, 당시 유비와 함께 아버지 유표에게 의지하던 제갈량에게 비책을 물었지만, 좀처럼 방법을 가르쳐주지 않았다.

어느 날, 그는 높은 누각에 술상을 차려 제갈량을 청한 후 하인을 시켜 누각의 사다리를 치워 버렸다.

"이제 위로는 하늘에 오를 수 없고, 아래로는 땅에 내릴 수 없습니다."

유기의 간곡한 청에 제갈량 역시 더는 피하지 못하고 진 헌공(獻

公)의 이야기를 들려주었다.

"공자는 신생(申生)과 중이(重耳)의 이야기를 듣지 못했습니까? 신생은 안에 있다가 죽고, 중이는 밖에 나가 있어서 화를 면했으니, 공자는 하루빨리 형주를 떠날 방법을 찾으십시오."

그 말을 들은 유기는 아버지에게 간청해 얼마 후 한 지방의 사령관이 되어 형주를 떠났다. 그 결과, 권력 다툼에서 벗어난 것은 물론 목숨을 지킬 수 있었다.

_ 《삼국지》〈제갈량전〉 중에서

신생과 중이는 진(晉) 헌공의 아들로 이복형제였다. 헌공이 여희(驪姬)를 총애해 그녀가 낳은 해제(奚齊)를 태자로 세우려 하자, 여희는 신생과 중이를 모함에 빠뜨려 죽이려고 했다. 이에 달아나지 않은 신생은 협박을 당한 끝에 자살했지만, 도망친 중이는 19년 동안이나 국외에 머물다가 돌아와서 군주가 되었다.

─────────────

▶▶▶ 파부침주의 각오로 맞서라

'밥 지을 솥을 깨뜨리고 돌아올 배를 가라앉혀 결사의 각오로 싸운다'라는 '파부침주(破釜沈舟)'와 '배수의 진(背水陣)' 역시 상옥추제와 비슷한 의미를 지니고 있다.

진나라와의 한창 싸울 때 항우는 군대가 막 장하(漳河)를 건너자마자 배를 물속에 가라앉혔다. 막사를 불태우고, 밥 짓는 솥마저 깨뜨렸다. 병사들에게는 3일분의 식량만 지니게 했다. 돌아갈 배도 없고, 밥을 지어 먹을 솥마저 없었기에, 병사들은 결사적으로 싸우는 수밖에 없었다.

병사들은 출진하라는 명령이 떨어지기 무섭게 적진을 향해 돌진했다. 이렇게 아홉 번을 싸우는 동안 진나라 주력부대는 서서히 무너졌고, 퇴로가 없어진 진나라 장수 장한(章邯)은 20만여 명의 군사들과 함께 항복했다. 이후 항우는 군웅의 맹주가 되었다.

전력으로 뛰어가다가도 어느 한순간 긴장이 풀리고 느슨해져 잠시 쉬어가고 싶을 때가 있다. 가야 할 길이 너무 멀고, 상대가 너무 강해 보여서 포기하고 싶을 때도 있다. 이럴 때 필요한 것이 바로 모든 힘을 한곳으로 모으는 상옥추제의 승부수이다. 궁극의 상황에 빠지게 한 후 빠져나갈 구멍을 없애는 게 상옥추제의 핵심이다.

대안이 없을수록 그것에 악착같이 매달리며 새로운 방법을 찾기 마련이다. 따라서 순조롭고 잘 나갈 때, 아무런 걱정이 없을 때, 일에 지쳐 긴장감이 떨어질 때일수록 오히려 상옥추제 계략을 명심해야 한다. 그래야만 막상 그런 일에 처했을 때 지혜롭게 대처할 수 있다. 답이 없다는 것은 그만큼 새로운 답을 찾는 좋은 기회이다.

주목할 점은 이 계략이 항상 성공하는 것은 아니다. 무엇보다도 퇴로를 없애버렸다는 점에서 결사 항전하지 않으면 필패하기에 십상이다.

따라서 리더의 지략이 이 계략의 핵심이라고 할 수 있다.

개인의 만용은 한 사람의 실패로 끝나지만, 리더의 만용은 조직은 물론 조직원 모두를 위험에 빠뜨린다. 이에 공자는 이렇게 말했다.

"맨손으로 범에게 덤비거나, 황하를 걸어서 건너는 것과 같은 헛된 죽음을 후회하지 않을 자와는 나는 행동을 함께하지 않을 것이다."

파부침주나 배수진 전략은 죽기 위한 것이 아닌 죽을 각오로 싸워서 살아남기 위한 최후의 승부수임을 명심해야 한다.

사람을 알면 세상을 얻고,
알지 못하면 세상을 잃는다

많은 사람이 '인재 제일'이니, '인사가 만사'라고 외친다. 오죽하면 '인재를 얻으면 천하를 얻은 것과 같다'라고 할까. 그만큼 인재는 중요하다. 문제는 어떻게 인재를 찾고, 활용해야 하는지 잘 모른다는 것이다.

'백락일고(伯樂一顧)'라는 말이 있다. '재능 있는 사람도 그것을 알아주는 사람을 만나야만 빛을 발할 수 있다'라는 말이다. 제아무리 천리마라도 이를 알아보지 못하면 아무 소용이 없다. 천리마를 알아보지 못하는 사람에게는 천리마 역시 보통 말에 지나지 않기 때문이다. 이는 아무리 능력이 출중한 인재라도 그것을 알아주는 리더를 만나지 못하면 평생 묻혀 지낼 수밖에 없는 것과 같다. 천리마도 백락을 만나야 그 이름을 세상에 알릴 수 있듯, 인재 역시 그것을 알아보는 리더를 만나야만 빛을 발할 수 있다.

인재를 알아보는 것이야말로 인재 활용법의 기초라고 할 수 있다. 인재를 알아보는 능력 없이는 제대로 된 인재를 뽑을 수 없을뿐더러 나라와 조직을 유지할 수 없기 때문이다. 역사 속에 명멸해간 수많은 나라와 지금도 여전히 반복되는 수많은 조직의 실패가 그것을 방증한다.

인재를 찾으려면 사람 보는 안목을 지녀야 한다. 그러자면 사람을 잘 살필 줄 알아야 한다. 하지만 대부분 사람은 눈에 보이는 겉모습과 말, 즉 첫인상으로만 사람을 판단한다. 하지만 그래서는 사람을 제대로 판단할 수 없다. 선입견과 편견이 작용해서 사람을 잘못 볼 가능성이 크기 때문이다. 공자 역시 외모만으로 사람을 판단했다가 실수한 것을 알고 크게 후회한 적이 있다. 이에 한비자는 이렇게 말했다.

"공자처럼 지혜로운 사람도 그런 실수를 하는데, 하물며 그보다 못한 이들의 안목으로는 결과가 뻔하다. 겉만 보고 사람을 쓰면 어찌 실패하지 않겠는가."

인재를 알아보려면 겉모습만으로 평가해서는 절대 안 된다. 눈에 보이는 것보다 보이지 않는 것이 훨씬 중요하기 때문이다. 즉, 외모나 말이 아닌 능력, 품성 같은 본질이 훨씬 중요하다.

춘추전국시대 초기 정치의 달인으로 불리던 위나라 재상 이극은 위문후에게 사람을 보는 다섯 가지 기준인 '오시법(伍視法)'을 간언한 바 있다.

첫째, 거시기소친(居視其所親). 평소에 누구와 친하게 지내는지를 살펴야 합니다. 친분을 맺은 이들을 보면 그가 어떻게 세상을 사는지를 알 수 있습니다.

둘째, 부시기소여(富視其所與). 돈이 많은 사람은 평소에 어떻게 베푸는지를 살펴야 합니다. 자신의 몸을 치장하고, 오로지 자기 가족만을 위해 돈을 쓰는지, 아니면 어려운 사람과 나누는지를 보면 그의 사람됨을 알 수 있습니다.

셋째, 원시기소거(遠視其所擧). 지위가 높은 사람은 어떤 사람을 기용하는지를 살펴야 합니다. 아무리 능력 있는 사람이라도 사람을 제대로 쓰지 못하면 문제가 있기 때문입니다.

넷째, 궁시기소불위(窮視其所不爲). 어려운 처지에 있는 사람은 어떤 일을 하지 않는지를 살펴야 합니다. 아무리 어려워도 해서는 안 될 일이 있기 때문입니다.

다섯째, 빈시기소불취(貧視其所不取). 가난한 사람은 그가 취하는 것을 살펴야 합니다. 아무리 힘들고 어려워도 부정한 것을 받지 않아야 하기 때문입니다."

공자 역시 《논어》 〈위정(爲政)〉 편에서 사람을 알아보는 세 가지 방법에 관해 말했다. 이른바 '지인지감(知人之鑑)'이다.

첫째, 시기소이(視其所以). 겉으로 드러나는 말과 행동을 잘 살펴야 한다. 말과 행동을 잘 보고, 그렇게 하는 까닭이나 이유를 알면 그가 어떤 사람인지 알 수 있다는 것이다.

둘째, 관기소유(觀其所由). 어떤 말과 행동을 했을 때 무엇 때문에 그렇게 하는지를 살펴야 한다. 여기에는 남의 말을 함부로 듣지 말라는 뜻 역시 포함되어 있다.

셋째, 찰기소안(察其所安). 말과 행동의 원인을 알았다면 그것이 마음에서 진정으로 우러나서 한 것인지를 살펴야 한다. 즉, 품성과 사람 됨됨이를 살펴야 한다.

중요한 것은 사람을 볼 때는 '시(視)'가 아닌 '관(觀)', 나아가 '찰(察)'의 관점으로 살펴야 한다는 점이다. '시(視)'가 단순히 눈에 보이는 것만 보는 것이라면, '관(觀)'은 저울의 눈금을 살피듯 세세하게 살피는 것이며, '찰(察)'은 본질까지 꿰뚫어 보는 것을 말한다. 그 때문에 사람을 속속들이 알려면 눈에 보이지 않는 세세한 부분까지 살피고 깊이 헤아려야만 한다. 그래야만 사람을 제대로 알 수 있다.

인재를 잘 알아보고 제대로 활용한 대표적인 인물로 제갈량을 첫손에 꼽는 이가 적지 않다. 물론 그 역시 처음에는 좌충우돌하기도 했다. 하지만 경험이 쌓이면서 그만의 인재를 보는 원칙과 안목을 지니게 되었다.

제갈량은 "사람을 쓰되, 그 배경은 보지 않는다"라고 했다. 이에 크게 두 가지 원칙을 두고 인재를 발탁했다.

첫째, 귀를 항상 열어둔다.

둘째, 인재는 공개적으로 뽑는다.

귀를 열어둔 것은 여러 사람의 다양한 의견을 듣겠다는 것이었다. 자신이 틀렸을 수도 있다는 현명한 리더십을 보여준 셈이다. 공개적으로 인재를 뽑은 것 역시 마찬가지였다. 누가 보더라도 부족함이 없는 인물을 공개적으로 뽑았다. 그러니 뒷말이 절대 나올 수 없었다.

《제갈량집》〈심서〉에 '지인지도(知人之道)'라는 인재론이 있다. 여기에는 사람을 알아보는 7가지 방법이 나온다.

첫째, 옳고 그른 것을 물어봄으로써 시비를 가리는 능력을 살핀다.

둘째, 일부러 궁지에 몰아넣어 임기응변 능력을 살핀다.

셋째, 어떤 책략에 관한 의견을 물어서 지식과 견문을 살핀다.

넷째, 위기상황을 알려주고 그것에 맞설 용기가 있는지를 살핀다.

다섯째, 술에 취하게 해서 본성을 살핀다.

여섯째, 이익을 제시해서 청렴한지 아닌지를 살핀다.

일곱째, 기한이 정해진 일을 맡겨 신용할 수 있는지를 살핀다.

제갈량은 능력뿐만 아니라 인품을 갖춘 사람을 선호했다. 특히 정직한 사람을 등용해야 한다고 생각했다. 그래야만 부조리를 근절할 수 있다고 생각했기 때문이다. 이에 '현자를 초대한다'라는 '초현대(招賢臺)'를 설치하고, 경험이나 지연, 혈연은 배제한 채 오로지 덕과 재주만을 보고 인재를 뽑았다.

인재를 아무리 잘 뽑았더라도 제대로 활용하지 못하면 무용지물이다. 옥석을 가리는 것 못지않게 무엇을 할 수 있는지 능력을 잘 헤아려서 써야 한다는 뜻이다. 그릇이 작은 사람에게 큰일을 맡기면 아무리 노력해도 성과를 낼 수 없듯, 그릇이 큰 사람에게 작은 일을 맡기면 곧 의욕을 잃기에 십상이다. 따라서 작은 그릇이 필요한 곳에 큰 그릇을 가져다 써서는 안 되며, 큰 그릇이 필요한 곳에 작은 그릇을 써서도 안 된다.

《논어》에 '지인선용'이라는 말이 있다. 인재를 알아보고, 적재적소에 활용하는 능력을 말한다.

한 고조 유방은 항우와 비교해서 모든 면에서 절대 열세였다. 출신에서부터 외모, 능력, 군사력은 물론 전투 능력에서도 '역발산기개세'의 용장인 항우와는 비교 자체가 불가능했다. 하지만 천하를 차지한 것은 항우가 아닌 그였다. 그가 반전의 리더로 등장할 수 있었던 데는 소하, 한신, 장량 같은 인재들을 알아보고 적재적소에 중용했기 때문이다. 인재를 알아보는 능력과 용인술에 있어서만큼은 그가 항우를 능가했던 셈이다.

한 명의 인재가 만 명을 먹여 살리는 시대다. 그만큼 인재는 중요하다. 대부분 조직과 기업이 그런 인재를 원한다. 구성원의 능력이 곧 경쟁력과 성장의 척도이기 때문이다. 그런 점에서 이제 인재 확보는 선택이 아닌 생존의 문제가 되었다. 하지만 '인재가 어디 있는지 모르겠다'라는 조직과 기업이 있는가 하면, 인재가 저절로 모여드는 곳도 있다.

기업 경영에서 인재 양성 못지않게 중요한 것이 인재가 모이는 기업, 인재가 일하고 싶은 기업을 만드는 것이다. 과연, 세계적 기업은 어떻게 인재를 얻고 키울까.

이 책은 사람을 보는 법과 사람을 쓰는 법에 관한 지혜를 담고 있다. '사람을 알고 세상을 논한다'라는 '지인논세(知人論世)'의 해법을 제시한 《사기》 및 《전국책》, 《손자병법》, 《삼국지》, 《인물지》 등의 고전에서 가려 뽑은 것이다. 난세를 살았던 역사 속 인물들의 생생한 이야기를 통해 지인(知人)과 용인(用人)의 지혜를 가르쳐주는 셈이다. 이에 사람 때문에 고민하는 리더들의 꽉 막힌 속을 시원하게 뚫어주는 것은 물론 인재경영에 관한 깊은 내공을 키워준다. 그런 점에서 현직 리더는 물론, 리더를 꿈꾸는 이들이 놓쳐서는 안 될 지인술 및 용인술의 보고(寶庫)라고 할 수 있다.

사람을 알면 세상을 얻고, 알지 못하면 세상을 잃는다

관인지법(觀人之法)
사람을 보고, 쓰고, 키우는 법

초판 1쇄 인쇄 2020년 4월 15일
초판 1쇄 발행 2020년 4월 24일

지은이 임채성
디자인 산타클로스 曉雪

펴낸곳 홍재
주　소 서울시 양천구 목동동로 233-1, 1010호(목동, 현대드림타워)
전　화 070-4121-6304　　　　　**팩　스** 02)6455-7642
메　일 asra21@naver.com

출판등록 2017년 10월 30일(신고번호 제 2017-000064호)

종이책 ISBN 979-11-89330-10-1　13320
전자책 ISBN 979-11-89330-11-8　15320

저작권자 ⓒ 2020 임채성
COPYRIGHT ⓒ 2020 by Lim Chae Sung
이 도서의 국립중앙도서관 출판시도서목록(CIP)은 서지정보유통지원시스템 홈페이지(http://seoji.nl.go.kr)와
국가자료공동목록시스템(http://www.nl.go.kr/kolisnet)에서 이용하실 수 있습니다.
(CIP제어번호: CIP 2020012981)

• 이 책은 도서출판 홍재와 저작권자와의 계약에 따라 발행한 것이므로
  본사의 서면 허락 없이는 어떠한 형태나 수단으로도 이 책의 내용을 이용할 수 없습니다.
• 파본은 본사와 구입하신 서점에서 교환해드립니다.
• 책값은 뒤표지에 있습니다.

홍재는 조선 제22대 왕인 정조대왕의 호로 백성들을 위해 인정을 베풀겠다는 큰 뜻을 담고 있습니다.
도서출판 홍재는 그 뜻을 좇아 많은 사람에게 도움이 되는 책을 출간하는 것을 목표로 하고 있습니다.
책으로 출간했으면 하는 아이디어나 원고가 있다면 주저하지 말고 홍재에 문의해주십시오.

asra21@naver.com